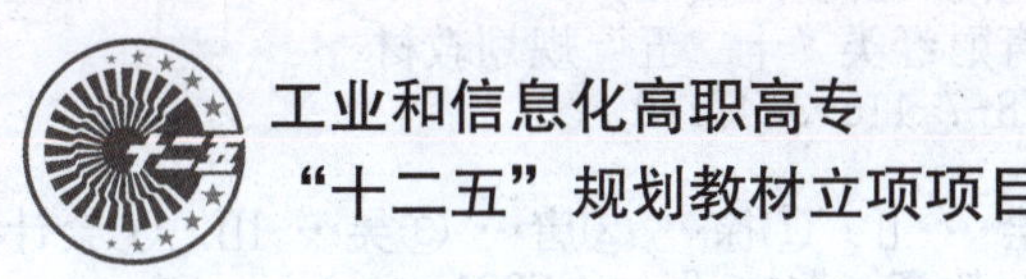

职业教育财经类“十二五”规划教材

会计真账综合实训

——以增值税一般纳税人工业企业为例

徐璟 唐建民 吴之固 主编
谢晖 付春 副主编
彭林君 主审

人民邮电出版社
北京

图书在版编目（CIP）数据

会计真账综合实训 ：以增值税一般纳税人工业企业为例 / 徐璟，唐建民，吴之固主编. -- 北京 ：人民邮电出版社，2013.9（2015.7重印）
职业教育财经类“十二五”规划教材
ISBN 978-7-115-32471-9

Ⅰ. ①会… Ⅱ. ①徐… ②唐… ③吴… Ⅲ. ①会计方法－高等职业教育－教材 Ⅳ. ①F231

中国版本图书馆CIP数据核字(2013)第199169号

内 容 提 要

本书是校企合作开发的会计真账综合实训教材，采用真实的凭证，并根据工业企业常见的会计业务处理过程组织教材内容，真正体现了工学结合。

本书共分四部分，第一部分是企业基本情况；第二部分是企业相关会计政策及文件；第三部分是基础数据；第四部分是经济业务原始单据及操作指南。

本书可作为高职高专院校经济、管理类专业的技能课程教材，也可作为财会人员的培训教材及会计从业人员的自学参考书。

◆ 主　　编　徐　璟　唐建民　吴之固
副 主 编　谢　晖　付　春
主　　审　彭林君
责任编辑　刘　琦
责任印制　沈　蓉　焦志炜

◆ 人民邮电出版社出版发行　　北京市丰台区成寿寺路11号
邮编　100164　　电子邮件　315@ptpress.com.cn
网址　http://www.ptpress.com.cn
三河市潮河印业有限公司印刷

◆ 开本：787×1092　1/16
印张：18.25　　　2013 年 9 月第 1 版
字数：221 千字　　　2015 年 7 月河北第 3 次印刷

定价：48.00 元

读者服务热线：(010)81055256　印装质量热线：(010)81055316
反盗版热线：(010)81055315
广告经营许可证：京崇工商广字第 0021 号

前言

经济越发展，会计越重要。随着当今社会经济的飞速发展，各行各业对合格会计人才的需求越来越多。对于财务会计类专业的学生来说，不能将财务会计理论知识与实际相结合就不能真正学好会计。

本书以华问金属制品有限公司为主体，设计了对工业企业的认知、会计政策的掌握、企业制度的了解以及12月份一个月日常业务单据处理、成本归集核算、管理报表编制等一套工业企业常见的会计业务处理过程。学习者通过对整套单据的业务处理，可以深刻理解会计实际应用的操作。为强化训练的效果，本书在12月份业务之后还推出了为期两个月连续的配套业务单据，内容更丰富，包罗企业各方面的应用，以实现帮助学习者迅速积累工作经验，最终实现就业的目的。

威特教育从事会计培训行业十年，积累了大量各行业会计处理的业务案例。在真账实操培训中，威特教育按会计培训规律，理论联系实际，学以致用、学用结合，以真单、真账开展形象教学和实操训练，使形式与内容达到完美结合，同时还将会计实操与企业管理结合起来，为社会培养了大批复合型会计人才。编者相信本书是会计培训的理想教材，是会计初学者的自学良师，也是在岗会计规范化作账和继续提高的必备指南。

本书由徐璟（江西旅游商贸职业学院）、唐建民（江西威特科技有限公司）、吴之固（江西旅游商贸职业学院）任主编，负责本书整体架构设计，对全书进行总纂，并分别负责编写第一、二、三部分。谢晖（广东中山市广播电视大学）、付春（江西外语外贸职业学院）任副主编，负责第四部分经济业务原始单据收集、编写与整理工作。彭林君（江西外语外贸职业学院）任主审，对全书进行审定，并负责编写第四部分业务操作及报表编制指南。

本书中所涉及的业务单位及人员均为虚构，如有雷同纯属巧合，所涉及行政事业单位的票据及印章均为现实单据的真实模拟，如有不妥请及时告知，我们将在下一版中做出修正。由于编者水平有限，书中不足、遗漏之处在所难免，敬请批评指正。

作者邮箱 135141@qq.com。

编　者

2013年5月

目录

第一部分

企业基本情况

一、公司简介

南昌华问金属制品有限公司为华中地区最早开办的金属制品精加工专业生产厂家之一，工厂始建于 2002 年，经过多年的顺势发展，现公司是拥有固定资产 1 000 多万元，员工 80 余人，各类技术人员 20 多人的外向型企业。公司引进先进的生产技术设备，采用优质原材料，进行严格管理和科学检测，主要生产“华问”系列丝、网及丝网深加工产品，产品包括 3 大类，60 多个品种，主要用于石油、化工、建筑、纺织、医药、航空、航天、高速公路、铁路、园林防护、水产、养殖、冶金机械等各个领域。

南昌华问金属制品有限公司为制造品质优良的金属制品，在原料选配、拉拔、精磨、编织等工序上，形成了拔丝织网生产一条龙，并配备一流的检查手段，高素质的管理人员，从而降低了生产成本，增强了市场占有率，同时结合 ISO9000 品质管理标准，确保了制品品质优良。

二、企业证照

1. 工商营业执照副本

企业法人营业执照

（副　本）

注册号 360100210038039

名　　　　称 南昌华问金属制品有限公司

住　　　　所 南昌市高新大道98号华问大厦

法定代表人姓名 王晓华

注 册 资 本 肆仟万圆整

实 收 资 本 肆仟万圆整

公 司 类 型 有限责任公司

经 营 范 围 金属制品加工、批发及零售

成 立 日 期 2002年9月20日

营 业 期 限 2002年9月20日至　长期

须　　知

1．《企业法人营业执照》是企业法人资格和合法经营的凭证。

2．《企业法人营业执照》分为正本和副本，正本和副本具有同等法律效力。

3．《企业法人营业执照》正本应当置于住所的醒目位置。

4．《企业法人营业执照》不得伪造、涂改、出租、出借、转让。

5．登记事项发生变化，应当向公司登记机关申请变更登记，换领《企业法人营业执照》。

6．每年三月一日至六月三十日，应当参加年度检验。

7．《企业法人营业执照》被吊销后，不得开展与清算无关的经营活动。

8．办理注销登记，应当交回《企业法人营业执照》正本和副本。

9．《企业法人营业执照》遗失或者损坏的，应当在公司登记机关指定的报刊上声明作废，申请补领。

年度检验情况

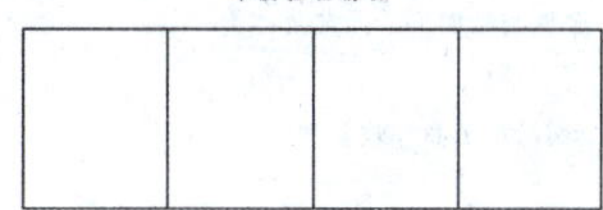

2013 年 12 月 6 日 变更

图 1-1

2．组织机构代码证

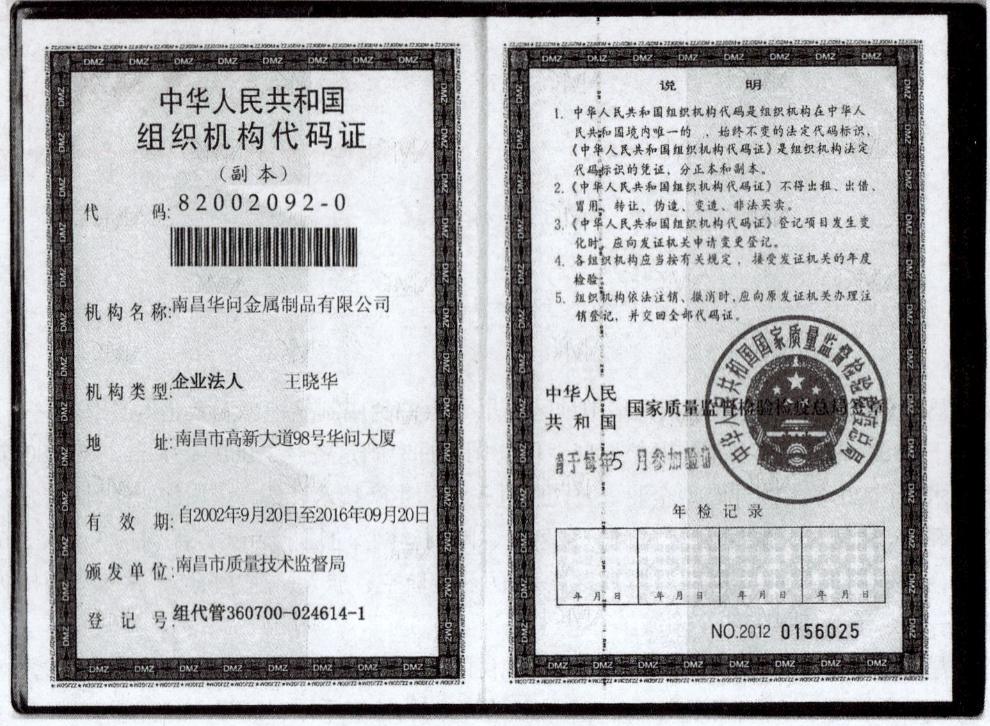

中华人民共和国
组织机构代码证
（副本）

代　　码：82002092-0

机构名称：南昌华问金属制品有限公司

机构类型：企业法人　　王晓华

地　　址：南昌市高新大道98号华问大厦

有 效 期：自2002年9月20日至2016年09月20日

颁发单位：南昌市质量技术监督局

登 记 号：组代管360700-024614-1

说　　明

1. 中华人民共和国组织机构代码是组织机构在中华人民共和国境内唯一的，始终不变的法定代码标识，《中华人民共和国组织机构代码证》是组织机构法定代码标识的凭证，分正本和副本。
2. 《中华人民共和国组织机构代码证》不得出租、出借、冒用、转让、伪造、变造、非法买卖。
3. 《中华人民共和国组织机构代码证》登记项目发生变化时，应向发证机关申请变更登记。
4. 各组织机构应当按有关规定，接受发证机关的年度检验。
5. 组织机构依法注销、撤消时，应向原发证机关办理注销登记，并交回全部代码证。

中华人民共和国　国家质量监督检验检疫总局签章

年 检 记 录

年 月 日	年 月 日	年 月 日	年 月 日

NO.2012 0156025

图 1-2

3．税务登记证

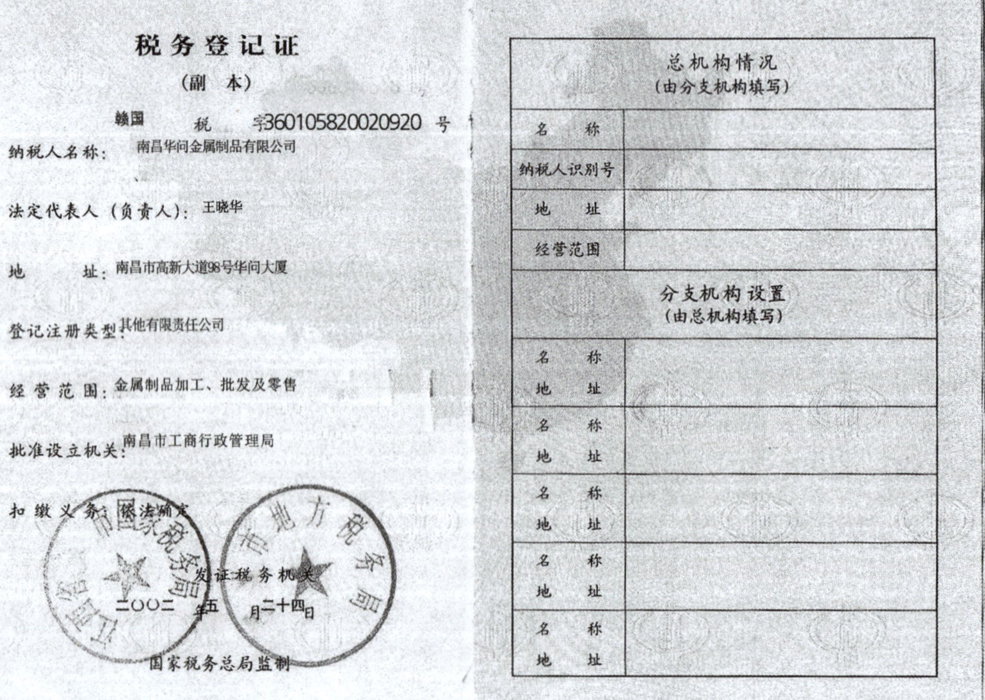

税务登记证
（副本）

赣国　税　字360105820020920 号

纳税人名称：南昌华问金属制品有限公司

法定代表人（负责人）：王晓华

地　　址：南昌市高新大道98号华问大厦

登记注册类型：其他有限责任公司

经营范围：金属制品加工、批发及零售

批准设立机关：南昌市工商行政管理局

扣缴义务：依法确定

发证税务机关

二〇〇二 年 五 月 二十四 日

国家税务总局监制

总机构情况（由分支机构填写）	
名　称	
纳税人识别号	
地　址	
经营范围	

分支机构设置（由总机构填写）	
名　称 地　址	
名　称 地　址	
名　称 地　址	
名　称 地　址	
名　称 地　址	

图 1-3

三、公司组织构架

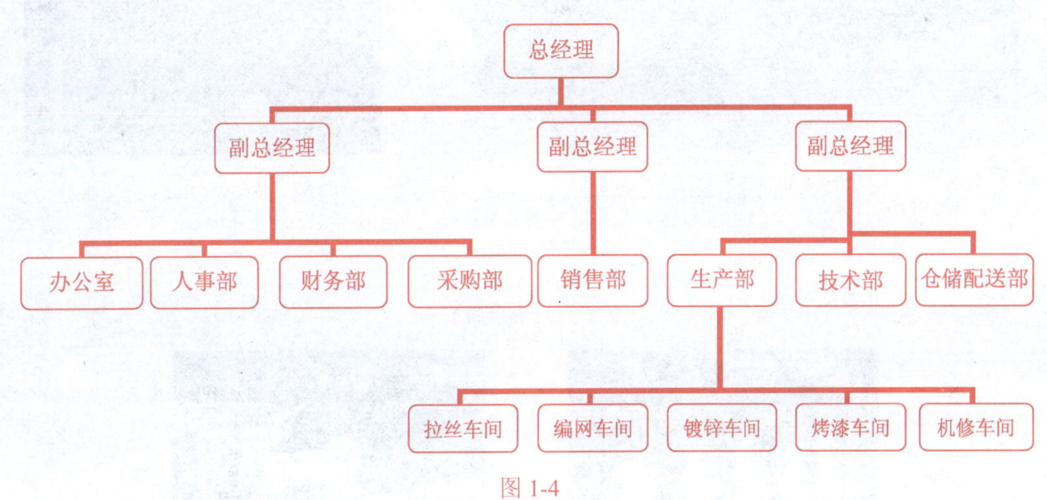

图 1-4

四、生产设备及车间情况

主要生产设备一览

窗纱网机

轧花网机

刺绳机

烤漆生产线

图 1-5

卧式集成四连拔轧两用生产线

直线式全自动电镀生产线

图 1-5（续）

生产车间一角

图 1-6

五、企业产品及工艺流程

1．镀锌丝

材料：采用中低碳钢盘条为原材料。

分类：按生产工艺可分为热镀铁丝和电镀铁丝。

特点：具有表面光泽度好、锌层均匀、附着力强、耐腐蚀力持久等特点。

用途：用于生产电焊网、六角网、轧花网、筐篮、护栏网片、U 形丝、打包扣等。

图 1-7

图 1-7（续）

2. 烤漆丝

特点：内铁芯，不易脱漆。

产品规格：0.04mm ~ 1.5mm。

产品颜色：草绿色、墨绿色、白色、蓝色、红色等。

包装：切断后装入塑料袋、盘、麻布袋、小木棒等。

特点：烤漆效果好，颜色漆不易脱落。

用途：用于食品包装袋、冷藏保鲜袋、垃圾袋等各种包装袋；也用于高质礼品、手工艺品的制作；还广泛用于文化用品、艺术品及欧美国家插花、圣诞树等园林艺术品的制作。

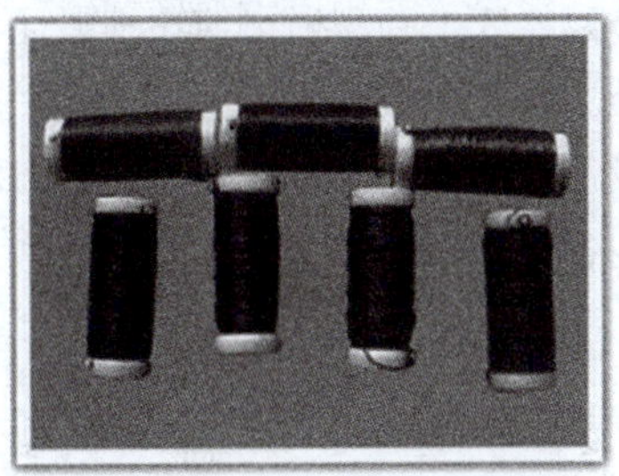
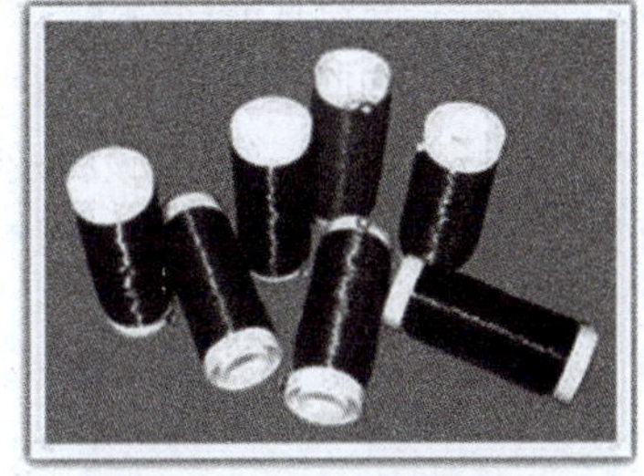
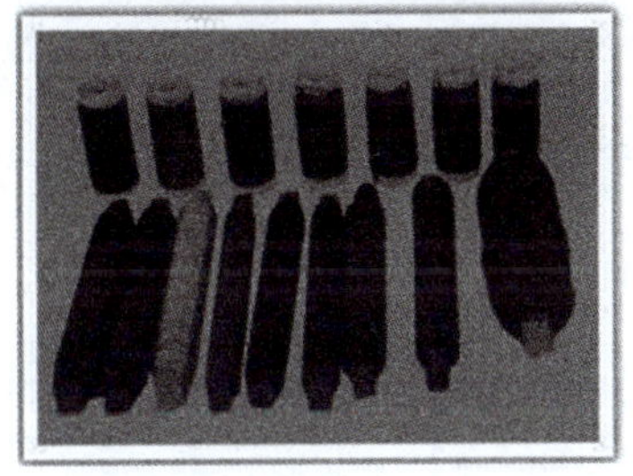
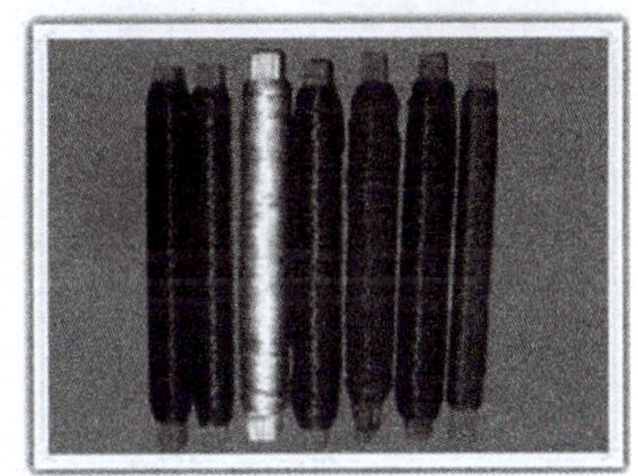

图 1-8

3. 六角网

材质：低碳钢丝、不锈钢丝。

编织：正捻、反捻、双向搓捻、先编后镀、先镀后编，又分热镀锌、电镀锌、PVC 涂塑等。

特点：结构坚固，表面平坦，具有良好的防腐蚀、抗氧化等特点。

用途：用于饲养鸡、鸭、鹅、兔及动物园围栏，机械设备的防护网，高速公路护栏，体育场所围网，马路绿化带防护网。该丝网在制作成箱子状的容器后，用乱石等填满网箱，可用于保护和加固海堤、山坡、路桥、水库坝体及其他土木工程中，是防洪和抗洪的上好材料。

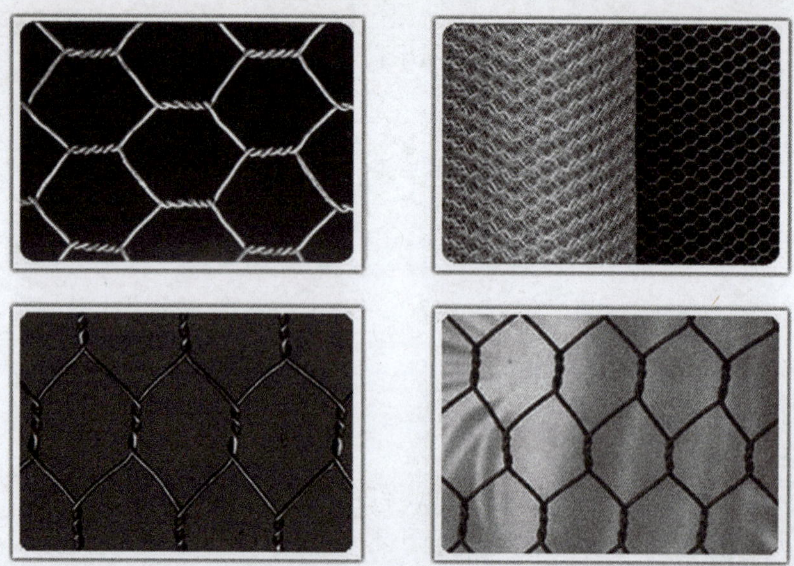

图 1-9

4．生产流程

拉丝车间：低碳盘条经过四连拔轧生产线处理后拉丝成不同规格钢丝转到镀锌车间。

电镀车间：对拉丝车间转来的钢丝进行镀锌处理形成产品镀锌丝。

编网车间：通过穿刺设备、扎花设备及窗纱网设备对不锈钢丝进行编网生产出六角网。

烤漆车间：铝镁合金丝经烤漆生产线烤漆生产出各色烤漆丝。

第二部分

企业相关会计政策及文件

一、相关会计政策

（一）会计年度

本公司会计年度自公历1月1日起至12月31日止。

（二）记账本位币

本公司以人民币为记账本位币。

（三）记账基础和计价原则（会计属性）

会计核算以权责发生制为记账基础。除某些金融工具外，均以历史成本为计价原则。资产如果发生减值，则按照相关规定计提相应的减值准备。

（四）应收款项

本公司的坏账确认标准为：对债务人破产或死亡，以其破产财产或遗产清偿后，仍然不能收回的应收款项；或因债务人逾期未履行其清偿责任，且具有明显特征表明无法收回时，经公司批准，确认为坏账。

本公司采用备抵法核算坏账损失。坏账发生时，冲销原已提取的坏账准备；坏账准备不足冲销的差额，计入当期损益。

坏账准备计提比例如表2-1所示。

表2-1

账　　龄	关联方应收款项计提比例（%）	非关联方应收款项计提比例（%）
1年以内（含1年，下同）	0	6
1～2年	6	10
2～3年	10	30
3～4年	30	50
4～5年	50	80
5年以上	80	100

（五）存货

存货包括原材料、半成品、产成品、备品备件及其他，即在日常活动中持有以备出售的产成品或商品、处在生产过程中的在产品、在生产过程或提供劳务过程中耗用的材料和物料等。存货按照实际成本进行初始计量。存货成本包括采购成本、加工成本和其他成本。发出存货，采用加权平均法确定其实际成本。存货的盘存制度采用永续盘存制。低值易耗品和包装物采用一次转销法进行摊销。

（六）固定资产

固定资产的折旧采用年限平均法计提，各类固定资产的使用寿命、预计净残值率及年折旧率如表 2-2 所示。

表 2-2

固定资产类别	预计净残值率（%）	预计使用年限	年折旧率（%）
房屋、建筑物	5	10 ~ 45	2.12 ~ 9.50
机器设备	5	4 ~ 28	3.40 ~ 23.75
运输工具	5	6 ~ 18	5.28 ~ 15.84

已达到预定可使用状态，但尚未办理竣工决算的固定资产，按照估计价值确定其成本，并计提折旧；待办理竣工决算后，再按实际成本调整原来的暂估价值，但不需要调整原已计提的折旧额。

本公司至少于每年年度终了，对固定资产的使用寿命、预计净残值和折旧方法进行复核，必要时进行调整，具体做法如下。

（1）固定资产增加必须填制验收单，并办理有关手续。

（2）固定资产清理应由设备科提出报告，经技术鉴定后，报分管副厂长审批后处理。

（3）对外支付的固定资产修理费用，一次金额较大的，通过“长期待摊费用”账户核算，视金额大小和修理间隔长短分期摊销；一次金额不大的，直接计入各受益的费用、成本账户中进行一次性摊销。

（4）财产保险费按季支付；机动车辆单独保险按年支付。

（5）每年末对固定资产进行清查，根据盘点结果编制盘盈盘亏报告单，报经分管副厂长审批后在年末结账前处理完毕。

（七）在建工程

在建工程成本按实际工程支出确定，包括在建期间发生的各项必要工程支出，工程达到预定可使用状态前的应予资本化的借款费用以及其他相关费用等。

在建工程在达到预定可使用状态时转入固定资产。

（八）职工薪酬

1．职工薪酬

职工薪酬主要包括工资、奖金、津贴和补贴、职工福利费、社会保险费及住房公积金、工会经费和职工教育经费等，以及其他与获得职工提供的服务相关的支出。

本公司在职工提供服务的会计期间，将应付的职工薪酬确认为负债，并根据职工提供服务的受益对象计入相关资产成本和费用。因解除与职工的劳动关系而给予的补偿，计入当期损益。

2．工资附加费及社会保险费用的计提（本书社会保险费用是按南昌市的缴费比例缴纳）

养老保险：按本市 2012 年度在岗职工月平均工资 3 650 元的 60%（2 190 元）至 300%（10 950 元）为基数（基数不能低于平均工资的 60%，即 3 650 × 60%，最高不能高于平均工资的三倍，即 3 650 × 3），其中单位缴纳 20%，个人缴纳 8%。最低基数按 3 650 × 60% 缴纳，即 2 190 元 / 月；

医疗保险：缴费比例根据养老保险基数缴纳，其中单位缴纳 6%，个人缴纳 2%。

失业保险：缴费比例为缴费单位按其参加失业保险的全部职工工资总额的 2% 缴纳失业保险费，缴费个人按照本人工资总额的 1% 缴纳失业保险费。

工伤保险：由单位缴纳，比例为 0.8%。

生育保险：由单位缴纳，比例为 0.8%。

住房公积金：月缴存额上限为 2 600 元（含单位、个人两部分），下限为 260 元（含单位、个人两部分），住房公积金缴存比例统一按照单位、个人各 8% 执行。

根据要求，用人单位以上年度工资总额为基数缴纳社会保险费，工资总额包含计时、计件工资、各项津补贴、加班加点工资、奖金、特殊情况下支付的工资等。2012 年度职工基本养老保险使用的南昌市在岗职工月平均工资为 3 650 元 / 月。

表 2-3

项　目	计提基数	（企业）计提比例
福利费	本月应付工资总额	按实际支付（无比例限制，新会计准则规定不再计提；税法上限制 14% 以内）
工会经费	同上	2%
教育经费	同上	1.8%

（九）应付税费

1．增值税

本公司为增值税一般纳税人，增值税应纳税额为当期销项税额抵减可以抵扣的进项税额后的余额，增值税的销项税率为 17%，运费抵扣为 7%。

2．营业税

租赁收入等其他业务收入缴纳营业税，税率为 5%。

3．城市维护建设税、教育费附加、地方教育附加

城市维护建设税按实际缴纳流转税额的 7% 计缴；教育费附加按实际缴纳流转税额的 3% 计缴；地方教育费附加按实际缴纳流转税额的 2% 计缴。

4．企业所得税

本公司所得税的会计核算采用资产负债表债务法。公司在取得资产、负债时，确定其计税基础。资产、负债的账面价值与其计税基础存在的暂时性差异，按照《企业会计准则第 18 号——所得税》的有关规定，确认所产生的递延所得税资产或递延所得税负债。

本公司根据主管税务机关核定，所得税采取分季预缴、汇算清缴方式，在年终汇算清缴时，少缴的所得税税额，在下一年度内缴纳；多缴纳的所得税税额，在下一年度内抵缴。按应纳税所得额的 25% 计缴。

5．个人所得税

月薪酬收入 3 500 元以上的部分为应纳税所得额，各级税率如表 2-4 所示。

表 2-4

级　数	全月应纳税所得额	税率（%）	速算扣除数
1	不超过 1 500 元	3	0
2	超过 1 500 元至 4 500 元的部分	10	105
3	超过 4 500 元至 9 000 元的部分	20	555
4	超过 9 000 元至 35 000 元的部分	25	1 005
5	超过 35 000 元至 55 000 元的部分	30	2 755
6	超过 55 000 元至 80 000 元的部分	35	5 505
7	超过 80 000 元的部分	45	13 505

工资个税的计算公式为：应纳税额 =（工资薪金所得 − "五险一金" − 扣除数）× 适用税率 − 速算扣除数

6. 印花税：按购销金额的 0.3‰计征

（十）水费、电费的分配方法

各月水费、电费分别按固定比例分摊，若实际消耗情况发生较大变化，则修改分摊比例，详见表 2-5。

表 2-5

分摊单位	水　费	电　费
行政管理部门	5%	12%
生产车间	85%	80%
机修车间	10%	8%

注：销售部门在水电费分配方面因比例太小，所以归入行政管理部门共同计算。

二、文件汇编

南昌华问金属制品有限公司

华问办字[2012]001号

关于印发人事管理制度的通知

公司各部室：

根据公司业务发展规划的要求，现制定人事管理制度，该制度系公司对人才的甄用及日常管理的纲要文件，由人事部依照相关规定严格执行。

附：公司人事管理制度

南昌华问金属制品有限公司

二〇一二年六月一日

签发人：王晓华

抄　送：人事部、财务部等各部、室

拟　稿：方江　　　　校对：杨素芳

附：

公司人事管理制度

为实现公司的经营管理目标，规范管理行为，提高工作效率和员工责任感、归属感，特制定本制度。

一、适用范围

1. 本制度所称员工系指本公司、各项目部聘用的全体从业人员。
2. 本公司员工的管理，除遵照国家和地方有关法令外，都应依据本制度办理。

二、录用

1. 公司各部门、项目部如因工作需要，必须增加人员时，应先提出申请，经人事部审核、总（副总）经理批准后，由人事部统一纳入聘用计划并办理招聘事宜。

2. 员工的甄选，以学识、能力、品德、体格及适合工作所需要条件为准。采用考核和面试两种，依实际需要选择其中一种实施或两种并用。

3. 新进人员经考核或面试合格和审查批准后，由人事部办理试用手续。一般员工试用期为2个月，主管员工试用期为3个月，期满合格后，方能正式录用；成绩优秀者，可适当缩短试用时间。

4. 试用人员报到时，应向人事部送交以下证件：

（1）毕业证书、学位证书原件及复印件；

（2）技术职务任职资格证书原件及复印件；

（3）身份证原件及复印件；

（4）一寸半身免冠照片两张；

（5）员工服务承诺书；

（6）其他必要的证件。

5. 凡有下列情形者，不得录用。

（1）剥夺政治权利尚未恢复者；

（2）被判有期徒刑或被通缉，尚未结案者；

（3）吸食毒品或有其他严重不良嗜好者；

（4）贪污、拖欠公款，有记录在案者；

（5）患有精神病或传染病者；

（6）因品行恶劣，曾被政府行政机关惩罚者；

（7）身体条件不适合所从事的岗位者（经总经理特许者不在此列）；

（8）其他经公司认定不适合者。

6. 试用人员如因品行不良，工作欠佳或无故旷职者，可随时停止试用，予以辞退。

7. 员工录用分派工作后，应立即到所分配的地方工作，不得无故拖延、推诿。

三、福利待遇

1. 公司依照企业的发展和兼顾工作人员生活安定及逐步改善的原则，以贡献定报酬、凭责任定待遇，给予员工合理的报酬和待遇。

2. 员工的基本待遇有基本工资、通信补贴和绩效奖金，按月计发，出勤天数未足月的，按日（实际出勤天数 × 基本工资 /30 天）计发。月薪工资在次月底前发放，如遇工程回款未及时到位，工资发放适当顺延。

3. 新进人员从报到之日起计薪，离职人员自离职之日停薪，按日计发。

4. 试用人员试用期间不享受综合保险，转正后，由公司统一办理。

5. 在公司上班的外地员工，可申请安排集体宿舍；在项目部的员工统一由项目部办公室主任安排住宿。

6. 公司依据有关国家规定，发放员工年终奖金，年终奖金的评定方法及额度由公司根据经营情况确定。

7. 在工程项目完工后，新项目未进场前，公司可根据需要安排项目部人员休假，休假期间的员工工资按当月工资的 70% 发放。

四、休假及请假

1. 按国家规定，员工享有以下带薪假日（有基本工资，无绩效工资）：元旦 1 天；春节 3 天；清明节 1 天；劳动节 1 天；端午节 1 天；中秋节 1 天；国庆节 3 天；婚假 3 天 + 晚婚 7 天；丧假 3 天；产假 90 天 + 晚育 15 天。

2. 由于业务需要，公司可临时安排员工于法定的公休日、休假日照常上班，公司发送适当补贴或安排调休（调休不另计补贴）。

3. 春节期间休假或探亲的，按照公司规定的休假天数休假；放假期间在公司和项目部值班的，发放值班补贴或安排调休。如在值班时间内擅离职守者，除不计有效工作时间外，还以旷工论处。

4. 春节探亲往来旅途费，可按公司规定报销相应的费用，超支部分由个人承担。具体额度由公司根据经营情况确定。

5. 委托或代人打卡或伪造出勤记录者，一经查明属实，双方均以旷工论处，不发薪资及奖金。

6. 员工请假须提前提出申请，2 天以内的须经所属部门主管、行政办主任批准；3 ~ 5 天的，须经副总经理批准；5 天以上的须经总经理批准。未经准假离岗者，以旷工论处。

五、培训

1. 为提高员工业务、知识技能及发挥其潜在智能，使公司人力资源能适应公司日益迅速发展的需要，公司将举行各种教育培训活动，被指定员工，不得无故缺席，确有特殊原因，应按有关请假制度执行。

2. 新员工入职后，须接受公司概况与发展的培训以及不同层次、不同类别的岗前专业培训，培训时间应不少于 20 小时，合格者方可上岗。新员工培训由公司根据人员录用的情况安排，在新员工入职的前三个月内进行，考核不合格者不再继续留用。

3. 员工调职前，必须接受将要调往岗位的岗前专业性培训，直到能满足该岗位的上岗要求。特殊情况经将调往部门的主管同意，可在适当的时间另行安排培训。

4. 公司对员工在业余时间（不影响本职工作和任务的完成）内，在公司外接受教育和培训予以鼓励，并视不同情况可给予适当报销培训费。由公司报销培训费的员工，如在此一年内离职（含辞退），须向公司退返所报销的费用。

5. 公司所有员工的培训情况均应登记，由人事部保存在相应的员工档案内。

六、调职

1. 公司基于业务上的需要，可随时调动员工的职务或工作地点，被调员工不得借故拖延或拒不到职。

2. 公司或项目部之间人员的调动，须经双方部门主管、人事部主任的书面批准。

3. 公司、项目部调动员工时，应充分考虑其个性、学识、能力，使“人尽其才，才尽其用”。

4. 员工接到调动通知书后，限在 2 天内办完移交手续，前往新职单位报到。

七、辞职及辞退

1. 员工因故不能继续工作时，应填写书面离职申请，一般员工经部门主管、人事部主任核准；主管以上员工须经副总经理、总经理批准后，方可办理手续，并视需要，由人事部开具离职证明。

2. 一般员工辞职，须提前 7 天提出申请；部门主管辞职，须提前 2 个月提出申请。

3. 违反国家法令、公司制度而被辞退者，在赔偿公司的损失及办理完交接手续后，限当天内撤离。

八、保密

1. 不得泄露业务或职务上的机密，员工所掌握的有关公司、项目部的信息、资料和成果，应对上级领导全部公开。未经上级领导许可，不得向其他任何人公开或透露。

2. 明确职责，对于非本人工作职权范围内的机密，做到不打听、不猜测，不参与小道消息的传播。

3. 非经发放部门或文件管理部门允许，员工不得私自复印和复制有关文件。

4. 树立保密意识，涉及公司机密的书籍、资料、信息和成果，员工应妥善保管，若有遗失或被盗，应立即向上级主管汇报。

九、考核

1. 试用考核：员工试用期间由试用部门主管负责考核，期满考核合格者，填写“试用人员考核表”经总（副总）经理批准后正式录用。

2. 平时考核：由各部门、项目部依照《绩效工资考核管理办法》，具体执行。

3. 部门主管以下人员的考核结果由各部门保存，作为确定薪酬、培养、晋升的重要依据。部门主管以上人员的考核结果由总（副总）经理室保存，作为确定部门业绩、奖励的依据。

十、奖惩

1. 每月奖励：员工的奖励参照《绩效工资考核管理办法》执行，对于在当月工作突出、表现优异的员工在下月的绩效工资中给予适当奖励。

2. 年终奖励：每年年终评定优秀员工奖，由部门主管书面提出备选优先员工名单，经公司相关部门主管评议后，总（副总）经理批准。奖予员工一定的奖金及颁发由公司总（副总）经理签署的表彰证书。

3. 有下列情形之一者，予以罚款或批评：

（1）上班时间，躺卧休息，擅离岗位，怠慢工作者；

（2）因个人过失致发生错误，情节轻微者；

（3）妨害工作或团体秩序，情节轻微者；

（4）不服从主管人员合理指导，情节轻微者；

（5）对上级指示或有期限的命令，无故未能如期完成者。

4. 有下列情形之一者，予以记过或降级（薪）：

（1）擅离职守，致使公司受较大损失者；

（2）损毁公司财物，造成较大损失者；

（3）怠慢工作擅自变更作业方法，使公司蒙受较大损失者；

（4）一个月内受到批评超过 3 次者；一个月内旷工累计达 2 天者；

（5）道德行为不合社会规范，影响公司声誉者；

（6）散播不利于公司谣言或挑拨公司与员工的感情，实际影响较轻者；

5. 有下列情形之一者，予以辞退：

（1）对同事暴力威胁、恐吓，影响团体秩序者；殴打同仁，或相互斗殴者；

（2）偷窃公司或同事财物经查属实者；受法院判决的刑事处分者；

（3）无故损毁公司财物，损失重大，或毁、涂改公司重要文件者；伪造或盗用公司印章者；

（4）吸食毒品或有其他严重不良嗜好者；煽动怠工或罢工者；参加非法组织者；

（5）营私舞弊，挪用公款，收受贿赂者；

（6）连续旷工 3 天或全年累计 15 天者；

（7）故意泄露公司营业上的机密，致使公司蒙受重大损失者。

（8）利用公司名义在外招摇撞骗，使公司名誉受损害者。

（9）有不良行为，道德败坏，严重影响公司声誉或在公司内造成严重不良影响者。

（10）其他违反法令、制度情节严重者。

十一、附则

本制度解释权、修改权归公司人事部，自颁布之日起生效。

南昌华问金属制品有限公司

二〇一二年六月一日

南昌华问金属制品有限公司

华问办字[2012]002号

关于印发仓库物资出入库管理制度的通知

公司各部室：

根据公司业务发展规划的要求，现制定仓库物资管理相关制度，该制度包括：仓库物资出库制度；仓库物资入库制度。

附：仓库物资出入库管理制度

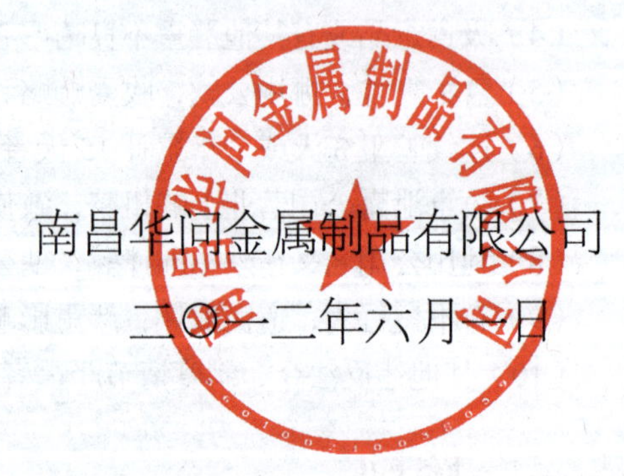

南昌华问金属制品有限公司

二〇一二年六月一日

签发人：王晓华

抄　送：财务部、仓储配送部

拟　稿：方江　　　　校对：杨素芳

附：

仓库物资出入库管理制度

一、仓库物资的出库制度

公司仓库一切商品货物的发出，一律凭盖有财务部门“南昌华问金属制品有限公司收发专用章”和有销售部门人员签章的四联单办理出库手续，四联单一式四份，一联销售部门留存，一联交财务部门，一联交仓库作为出库依据，一联交统计人员。业务发生时，由公司销售部业务员办理发货手续，财务部门确认货款后签章，仓库管理员根据销售发货单注明的业务安排发货，发货后，仓库留一联作为登记实物账的依据，一联由仓库管理员定期返交财务部。

生产车间领用原料、工具等物资时，仓库管理员凭生产技术部门的用料定额和车间负责人签发的“领料单”发放，仓库管理员和领料人均须在“领料单”上签名，“领料单”一式三份，一联退回车间作为其物资消耗的考核依据，一联交财务部作为成本核算依据，一联由仓库作为登记实物账的依据。

发往外单位委托加工的材料，应同样办理出库手续，但须在出库单上注明，并设置“发外加工登记簿”进行登记。

来料加工客户所提拱的材料在使用时，应类比生产车间领用办理出库手续，但须在领料单上注明，且不登记实物账，而是在“来料加工材料登记簿”上予以登记。

对于一切手续不全的提货、领料事项，仓库管理员有权拒绝发货，并视其程度报告业务部门、财务部门和公司经理处理。

二、仓库物资的入库管理

外购物资（包括外购材料、商品等）到达后，由采购部门经办人填制“采购入库单”一式四份（经仓库管理员签字后的“采购入库单”，一联由业务部门留底，一联交统计人员，一联由业务部门交给财务部，一联交仓库作为办理入库的依据），仓库管理员根据“采购入库单”填写的品名、规格、数量、单价，将实物点验入库后，在“采购入库单”上签名，并根据点验结果如实填制“入库单”，要求一式三份，送货人需就货物与入库单的相应项目与仓库管理员核对，确认无误后在“入库单”上签名，做到货、单相符，仓库管理员凭手续齐全的“采购入库单（仓库联）”和“入库单”的存根登记仓库实物账，其余一联交财务部门，一联交业务部门。

企业自身生产的产成品入库，须有质量人员出具的产品质量合格证，由专人送交仓库，仓库管理员根据入库情况填制“产成品入库单”一式三份，双方相互核对无误后须在“产成品入库单”上签名，签名后的入库单一联由仓库作为登记实物账的依据，一联交生产车间作产量统计依据，一联交财务部作为成本核算和产成品核算依据。

委托加工材料和产品加工完后的入库手续类比外购物资入库手续进行办理，但在“产成品入库单”上须注明其来源，并在“发外加工登记簿”上予以登记。

因生产需要而直接进入生产车间的外购物资或已完工的委托加工材料，应同时办理入库手续和出库手续，以准确反映公司的物流量。

来料加工客户所提供的材料类比外购物资入库办理手续，但不登记仓库实物账，而设“来料加工材料登记簿”，以作备查。

车间余料退库应填制红字领料单一式三份，并在备注栏内详细说明原因，如系月底的退料，则在办理退料手续的同时，办理下月领料手续。

对于物资验收入库过程中发现的有关数量、质量、规格、品种等不相符的现象，仓库管理员有权拒绝办理入库手续，并视其程度报告业务部门、财务部门和公司经理处理。

以上制度自2012年6月1日起执行。

南昌华问金属制品有限公司

二〇一二年六月一日

南昌华问金属制品有限公司

华问财字[2012]002号

关于印发现金收支及支票管理制度的通知

公司各部室：

根据公司业务发展规划的要求，现制定现金管理制度、支票管理制度，该制度属于财务制度的一部分，由财务部依照相关规定严格执行。自即日起执行。

附：现金管理制度、支票管理制度

南昌华问金属制品有限公司

二〇一二年六月一日

签发人：王晓华

抄　送：财务部及公司各部、室

拟　稿：方江　　　校对：杨素芳

附：

现金管理制度

为提高现金的使用效率，正确、及时地反映现金的增减变动和结存情况，保护货币资金的安全、完整，根据国家《现金管理暂行条例》，银行结算制度和其他有关货币资金使用的政策法规，特制定本制度。

本制度所称现金包括库存现金、银行存款及其他货币资金。

一、现金的日常管理

（一）出纳人员负责公司的现金收支与保管工作，银行存款的结算与核对工作，现金日记账和银行存款日记账的登记工作。

（二）经管现金的出纳人员不得兼管收入、费用、债权、债务等的账簿登记工作，以及会计稽核和会计档案保管工作；用于银行结算的有关印鉴不能集中由出纳人员保管，应实行印鉴分管制度。

（三）当天发生的现金收支，必须及时入账，不得无故拖延。

（四）对库存现金实行限额管理，即按公司 3 天的日常零星开支核定，初步核定为 5 000 元。每日现金的结存数，一般不得超过核定的限额，超过部分应及时送存银行，以保证现金的安全；也不得低于限额，不足部分应及时补足，以保证日常工作的正常开展。

（五）库存现金应做到日清月结，由财务主管人员进行定期或不定期的抽查与稽核，做到账账相符（日记账和总账）、账实相符；不准用不符合财务制度规定的凭证（如白条等）顶替库存现金，不准谎报用途套取现金；对发现的现金余缺，必须认真查明原因，并按规定进行处理。

（六）出纳人员对银行存款余额应做到心中有数，不准签发空头支票或签发与预留印鉴不符的支票。

（七）银行存款要及时对账，尽量做到账账相符（银行对账单、日记账、总账）；每月底按时到银行打出银行对账单，如有未达账项，应由出纳人员会同会计人员编制银行存款余额调节表；如仍然不符，要及时查明原因，并上报有关负责人做出处理。

（八）不准利用公司银行账户代他人存取现金或转账，不准将公司的现金以个人名义进行储蓄。

（九）每月末，由出纳人员编报货币资金收支汇总表，经会计人员审核后上报公司领导。

二、现金收入管理

（一）各种现金收入都应由出纳集中办理。除特殊情况（如发生在外地的收付，或事先取得领导和出纳的同意并授权代收，但应于事后补交出纳或办理相关手续）外，其他任何部门和个人，均不得出具收款凭证或用白条收取款项。

（二）收款程序：首先，由业务部门开出一式两联的收款通知，经部门负责人审核后交出纳；然后，出纳员根据收款通知收取现金或转账支票，开具收据一式三联，其中一联给客户，一联留存，另一联加盖“现金收讫”或“转账收讫”章后随同收款通知在登记现金日记账后送交会计；会计收到收款通知和收据后，根据需要开具发票，其中一联给客户，一联留存，另一联随同收款通知和收据作为记账凭据。有关业务部门、出纳、会计应定期进行账账核对。

（三）凡属于公司的所有现金收入都要入账。

（四）收到的现金或支票应及时交存银行，当天送存确有困难的，应集中存放于保险柜。

三、现金支出管理

（一）公司与其他单位和个人的经济往来，除下述范围内可以使用库存现金支付外，其他款项的支付均应通过开户银行办理转账结算。

1. 发放职工工资、津贴。
2. 支付个人劳务报酬。
3. 根据国家规定颁发给个人的各种奖金。
4. 支付各种劳保、福利费用，以及国家规定的对个人的其他开支。
5. 出差人员必须随身携带的差旅费。
6. 结算起点以下的零星支出（结算起点为 1 000 元）。
7. 其他确实需要付现的支出。

（二）上述需要支付的款项，可以从库存现金限额中支付或者从开户银行提取，不得从当天的现金收入中直接支付，即坐支。

（三）支票签发应有出纳员、会计负责人、公司领导三人的签章，一般情况下，不得签发空白支票；支票签发后，除登记银行存款日记账外，还要登记支票领用登记簿。

（四）出纳人员应根据手续齐全、审核无误的原始凭证支付款项；如无正当理由，不得无故拒付、延付；款项支付后，应在付款凭证上加盖“现金付讫”或“转账付讫”章，以免重复付款。

四、现金盘点制度

（一）盘点前，应由出纳将现金集中起来存入保险柜。

（二）由出纳根据现金实存数，同时编制“库存现金盘点报告表”，分币种面值列示盘点金额。

（三）盘点保险柜的现金实存数，同时编制“库存现金盘点报告表”，分币种面值列示盘点金额。

（四）资产负债表日后进行盘点时，应调整至资产负债表日的金额。

（五）盘点金额与现金日记账余额进行核对，如有差异，应查明原因，并做出记录或适当调整。

（六）若有冲抵库存现金的借条、未提现金的支票、未做报销的原始凭证，应在“库存现金盘点报告表”中注明或做出必要的调整。

支票管理制度

一、支票的使用

（一）公司采购人员外出采购商品须用支票，领用时应事先将支票登记好，填写收款单位、支票用途、支票号码、预计用款金额等，由经手人在挂支单上签字或盖章。其他人员因工作需要购买物品或支付有关费用须借用支票时，要逐项登记日期、支票号码、款项用途、用款限额，并由借用人签字。财会人员在签发支票时，必须填写好日期、抬头、用途、金领大、小写，遇有特殊情况，也必须填写日期、抬头和用途。

（二）借用支票时，财会人员应根据公司采购人员提出的进货品种、数量，按照采购权限，确定资金使用限额，采购人员必须在规定的资金限额内严格掌握使用。遇到特殊情况需要超过使用限额时，采购人员要事先与财会人员联系，经财会人员同意后才能使用。否则造成银行"空额"影响用款或发生银行罚款时，由使用人负责。

（三）采购人员采购商品回到公司后，应持供货单位发票按核算内容填制挂支单（挂支单必须按规定的内容填写），并于当日进行清理，由于客观原因当日不能清理时，应及时向财会人员报告实际使用数额，以便财会人员掌握资金。

（四）"使用限额"当日有效。如当日未能使用而次日须继续使用时，使用人须与财会人员重新研究确定限额。

（五）财会人员开好支票后，企业采购人员必须将存根数字和支票票面数字核对相符。支票存根必须按规定填写单位名称、金额、款项用途。

（六）为防止支票丢失或被盗，对未使用完支票，必须于当日交回会计部门注销。

二、支票的管理

（一）空白支票和支票印鉴，必须设专人负责保管。支票必须随签发、随盖章，不得事先盖章备用，严防支票遗失和被盗。

（二）会计部门要建立严格的支票管理制度。必须指定专人负责支票的购买及使用，并建立支票登记本，按照支票号码逐一进行登记。对已签发出的支票，要及时催报注销，并定期核对，做到心中有数，发现丢失短少，必须及时查找，同时向领导汇报。

（三）公司采购人员及有关人员每次借用支票一般不超过两张，已用的支票应于当日将支票存根和原始凭证一并交回会计部门。遇特殊情况当日报账有困难的，最多不得超过 3 天。会计部门接到交回的支票存根时，要核对号码并及时注销。会计部门对借出的支票有权随时督促报账。

（四）借用支票人员必须对所借支票予以妥善保管，不得随便乱改。保管和签发支票要按规定办理，否则发生支票丢失而使公司财产遭受损失的，要追究当事人的责任，并根据情况赔偿部分或全部经济损失。

（五）借用支票人员一旦发现支票丢失被盗，应立即查找，及时向领导汇报，并向会计、公司领导汇报，迅速到银行办理挂失手续，向公安部门报案。

（六）签发支票时，支票用途项内容要填写真实、齐全，字迹要清晰，不得更改大小写金额，为避免签发空头支票，会计人员应准确地控制银行存款余额，及时、正确地记载账务，定期与银行对账单进行核对，发现问题及时解决。

（七）严格结算办法，必须做到以下几点。

1. 不准签发空头支票；

2. 不准签发远期或空期支票；

3. 不准将支票出租、出借或转让给其他单位和个人使用；

4. 不准将支票做抵押；

5. 不准签发印鉴不全、印鉴不符的支票。

（八）支票使用要求

1. 支票金额起点为 1 000 元。

2. 支票有效期为 5 天；背书转让地区的转账支票付款期为 15 天（自签发的次日算起，到期日遇节假日顺延）。

3. 签发支票应使用碳素墨水填写，没有按规定填写，被涂改冒领的，由签发人负责。

4. 不得更改支票大小写金额和收款人姓名，其他内容如有更改，必须由签发人加盖预留银行印鉴。

5. 按银行的有关规定，因签发空头支票和支票印章与预留银行印鉴不符而造成的退票，银行处以 5% 但不低于 50 元罚款。对屡次签发的，银行将给予警告，通报批评，直至停止签发支票。

（九）过期、作废支票要按号订在原始凭证序号中，妥善保管，不准将支票乱扔、乱放。

南昌华问金属制品有限公司

二〇一二年八月二十三日

南昌华问金属制品有限公司

华问财字[2012]003号

关于印发差旅费报销管理制度的通知

公司各部室：

根据公司业务发展规划的要求，现制定差旅费报销管理制度，该制度属于财务制度的一部分，由财务部依照相关规定严格执行。自即日起执行。

附：差旅费报销管理制度

南昌华问金属制品有限公司

二〇一二年六月一日

签发人：王晓华

抄　送：财务部等各部门

拟　稿：方江　　　　校对：杨素芳

附：

差旅费报销管理制度

为了加强公司内部管理，规范公司财务报销行为，合理控制费用支出，特制定本制度。

一、办理程序

1. 出差人员必须事先填写“出差申请单”，注明出差地点、事由、天数、所需资金，经部门负责人签署意见，分管领导批准后方可出差。（特殊情况电话通知）

2. 出差人员借款须持批准后的“出差申请单”，填写“用款申请单”，并列明用款计划（附上用款计划明细单），由部门负责人签字担保，分管领导审批后方可借款。

3. 出差人员回公司后，应形成出差完成情况书面报告，并向分管领导汇报，由分管领导签署回复意见。

4. 出差人员根据签有分管领导回复意见的“出差申请单”和有效出差单据，按费用包干标准规定，经审核后方可报销差旅费。

5. 凡与原出差申请单规定的地点、天数、人数、交通工具不符的差旅费不予报销，因特殊原因或情况变化须改变路线、天数、人数、交通工具的，经分管领导同意后方可报销。

6. 出差回公司应在 3 天内报账，超过 3 天报销差费，本着“前账不清、后账不借”的原则，延误工作责任自负，特殊情况由总经理特批，对各部门违反规定给予借款而造成账务混乱的，追究财务经办人及负责人的责任。

二、费用标准

总体原则：对出差人员的补助费、住宿费和市内交通费实行“包干使用，节约归己，超支不补”的原则。

1. 住宿标准（金额单位：元，下同）

总经理　实报实销（含副总经理，下同）

地区 人员	特区	直辖市	省会城市	省辖市	县级市及以下
其余人员	160	160	120	80	60

2. 伙食补助费

总经理　实报实销

地区 人员	特区	直辖市	省会城市	省辖市	县级市及以下
其余人员	60	60	50	40	30

3. 交通工具标准

工具 人员	飞机	火车	轮船	长途汽车	出租车
总经理	普通舱	软卧 / 软座	二等舱	可乘	实报
部门经理	预申请	硬卧 / 硬座	三等舱	可乘	实报
其余人员	—	硬卧 / 硬座	三等舱	可乘	预申请

三、报销办法

（一）住宿费报销办法

1. 出差人员的住宿费实行限额凭据报销的办法，按实际住宿的天数计算报销。

2. 出差人员由接待单位或住在亲友家的，一律不予报销住宿费。

3. 出差人员住宿费报销标准原则上按规定标准执行，有新闻媒介采访、会见地方政府官员和知名人士或影响公司整体形象的特殊业务情况，在分管领导允许的前提下，可按实报销。

4. 住宿费标准一般指每天每间，若为同性两人同时出差，按一个房间标准报支，副总经理以上人员出差，可单独住宿。

（二）伙食补助费报销办法

中午 12 时前离开本市按全天补助；中午 12 时后离开本市按半天补助；中午 12 时前抵达本市按半天补助；中午 12 时后返抵本市按全天补助。

（三）交通费报销办法

1. 旅途中符合乘坐卧铺（从晚八时至次日晨七时之间，在车上过夜 6 小时以上或连续乘车时间超过 12 小时）而未乘坐卧铺的，特快列车按票价 50%，其他列车按票价 60% 予以补助。订票费、退票费原则上不予报销，如遇特殊情况须写书面汇报，报分管领导批准后，方可报销。

2. 对于自带车辆人员，交通补助费予以取消（乘坐出租车办事须经主管领导同意）。

3. 出差人员原则上不得乘坐出租车，但下列情况除外：

（1）出差目的地偏远，没有公共交通工具的；

（2）携有巨款或重要文件须确保安全的；

（3）收、发货物笨重，搬运困难或时间紧迫的；

（4）陪同重要客人外出的；

（5）执行特殊业务或夜间办事不方便的。

以上情况须请示部门主管同意后方可报销。（注：配车人员一律不报销出租费）

4. 出差人员应按最简便、快捷的线路乘坐车船，不得绕行。出差期间经领导批准顺道回家探亲、办事及非工作需要的参观、游览，其绕线多支付的费用均由个人自理，期间按事假考勤。遇有特殊情况，如春运无法购票，在请示主管领导同意后方可报销。

（四）其他

1. 在出差过程中，因业务工作需要使用招待费应先征得领导同意，经安排领导核准并签署意见后，财务部方可审核报销。

2. 出差人员应保留完整的车（船）票、住宿发票作为计算费用的依据，对于公司代为订票的，应保留复印件作为审核依据。

四、补充规定

1. 两人以上出差人员，在请示主管领导允许后，可就随行高一级人员标准执行。

2. 去往公司办事处的人员，出差途中享受伙食补助费，抵达后食宿由办事处承担，不享受伙食及住宿包干，如因办理业务路途较远，中途无法返回办事处就餐，可享受伙食补助费，但须持有办事处负责人的签字确认证明。

3. 外出参加会议的，会议费用中包括食宿时不再享受食住费用补助，只享受市内交通费补助。会议费用中不含食宿时，按前述标准予以补助。

4. 外出学习的，伙食补助每天16元，期间不享受市内交通费、住宿费补助，途中可享受交通、伙食补助费。

以上制度自2012年6月1日起执行。

南昌华问金属制品有限公司

二〇一二年六月一日

第三部分 基础数据

一、2013 年 1～11 月科目累计发生额及余额表

表 3-1

科目名称	方向	年初余额	累计借方	累计贷方	期初余额
库存现金（1001）	借	2 000.00	2 005 810.89	2 001 810.89	6 000.00
银行存款（1002）	借	11 543 485.82	49 684 053.70	57 674 246.35	3 553 293.17
交行市分行营业部（100201）	借	11 380 365.53	5 606 594.37	15 531 262.33	1 455 697.57
工商银行八一分理处（100202）	借	163 120.29	44 077 459.33	42 142 984.02	2 097 595.60
应收票据（1121）	借	1 000 000.00	13 000 000.00	8 200 000.00	5 800 000.00
银行承兑汇票（112101）	借	1 000 000.00	13 000 000.00	8 200 000.00	5 800 000.00
应收账款（1122）	借	3 859 335.79	31 780 640.86	29 481 533.78	6 158 442.87
预付账款（1123）	借	1 667 722.49	18 045 468.12	17 704 651.88	2 008 538.73
其他应收款（1221）	借	—	236 527.05	234 527.05	2 000.00
应收单位（122101）	借	—	236 527.05	234 527.05	2 000.00
坏账准备（1231）	贷	268 547.07	—	—	268 547.07
应收账款（123101）	贷	268 547.07	—	—	268 547.07
原材料（1403）	借	8 063 910.11	107 800 319.82	107 909 994.18	7 954 235.75
主要材料（140301）	借	8 063 910.11	107 800 319.82	107 909 994.18	7 954 235.75
库存商品（1405）	借	4 051 473.19	116 733 294.54	118 003 157.77	2 781 609.96
固定资产（1601）	借	12 532 893.26	—	—	12 532 893.26
房屋及建筑物（160101）	借	7 502 400.00	—	—	7 502 400.00
机器设备（160102）	借	3 543 865.45	—	—	3 543 865.45
运输设备（160103）	借	1 308 553.81	—	—	1 308 553.81
办公设备（160104）	借	178 074.00	—	—	178 074.00
累计折旧（1602）	贷	5 865 257.37	—	971 854.84	6 837 112.21
房屋及建筑物（160201）	贷	3 563 640.00	—	326 667.00	3 890 307.00
机器设备（160202）	贷	1 674 507.23	—	308 611.71	1 983 118.94
运输设备（160203）	贷	545 913.10	—	284 885.15	830 798.25
办公设备（160204）	贷	81 197.04	—	51 690.98	132 888.02
在建工程（1604）	借	15 620 014.22	17 879 581.09	361 640.16	33 137 955.15
新建办公大楼工程（160401）	借	—	12 580 745.01	—	12 580 745.01
新建三号厂房工程（160402）	借	—	5 298 836.08	—	5 298 836.08
短期借款（2001）	贷	5 000 000.00	5 000 000.00	—	—

续表

科目名称	方向	年初余额	累计借方	累计贷方	期初余额
应付票据（2201）	贷	—	12 000 000.00	12 000 000.00	—
银行承兑汇票（220101）	贷	—	12 000 000.00	12 000 000.00	—
应付账款（2202）	贷	4 883 818.13	41 576 507.86	39 047 615.44	2 354 925.71
预收账款（2203）	贷	2 531 029.87	15 171 569.04	14 085 681.55	1 445 142.38
应付职工薪酬（2211）	贷	366 532.37	4 481 143.35	4 533 876.78	419 265.80
工资奖金（221101）	贷	195 209.89	2 837 295.10	2 856 677.11	214 591.90
职工福利费（221102）	贷	—	363 418.78	363 418.78	—
社会保险费（221103）	贷	112 060.08	972 412.87	942 412.87	82 060.08
失业保险（22110301）	贷	5 544.60	65 703.57	65 703.57	5 544.60
基本养老保险（22110302）	贷	85 446.00	657 035.73	627 035.73	55 446.00
基本医疗保险（22110303）	贷	16 633.80	197 110.71	197 110.71	16 633.80
工伤保险（22110304）	贷	2 217.84	26 281.43	26 281.43	2 217.84
生育保险（22110305）	贷	2 217.84	26 281.43	26 281.43	2 217.84
住房公积金（221104）	贷	22 178.40	262 814.29	262 814.29	22 178.40
工会经费（221105）	贷	13 596.25	12 483.61	57 133.54	58 246.18
教育经费（221106）	贷	23 487.75	32 718.70	51 420.19	42 189.24
应交税费（2221）	贷	−1 684 710.88	24 276 198.44	27 460 524.09	1 499 614.77
应交增值税（222101）	贷	−1 773 529.32	22 112 209.25	25 094 420.12	1 208 681.55
进项税额（22210101）	贷	18 326 054.37	18 326 054.37	—	—
已交税金（22210102）	贷	3 786 154.88	3 786 154.88	—	—
销项税额（22210103）	贷	−23 885 738.57	—	23 885 738.57	—
未交增值税（22210105）	贷	—	—	1 208 681.55	1 208 681.55
应交城市维护建设税（222104）	贷	—	293 217.36	377 825.07	84 607.71
教育费附加（222105）	贷	—	125 664.58	161 925.03	36 260.45
地方教育费附加（222106）	贷	—	837 776.39	861 950.02	24 173.63
应交个人所得税（222108）	贷	857.02	2 751.88	2 178.64	283.78
应交企业所得税（222109）	贷	87 961.42	904 578.98	962 225.21	145 607.65
其他应付款（2241）	贷	52 673.70	612 183.94	612 183.94	52 673.70
应付代扣个人三险一金（224101）	贷	52 673.70	612 183.94	612 183.94	52 673.70
个人应交养老保险（22410101）	贷	22 178.40	250 814.29	250 814.29	22 178.40
个人应交医疗保险（22410102）	贷	5 544.60	65 703.57	65 703.57	5 544.60
个人应交失业保险（22410103）	贷	2 772.30	32 851.79	32 851.79	2 772.30
个人应交住房公积金（22410104）	贷	22 178.40	262 814.29	262 814.29	22 178.40
实收资本（4001）	贷	40 000 000.00	—	20 000 000.00	60 000 000.00
华问集团有限公司（400101）	贷	20 000 000.00	—	10 000 000.00	30 000 000.00
威特科技有限公司（400102）	贷	15 000 000.00	—	5 000 000.00	20 000 000.00
王晓华（400103）	贷	5 000 000.00	—	5 000 000.00	10 000 000.00
本年利润（4103）	贷	—	135 764 718.60	140 504 344.54	4 739 625.94
利润分配（4104）	贷	1 057 687.25	—	—	1 057 687.25
未分配利润（410410）	贷	1 057 687.25	—	—	1 057 687.25

二、往来款项明细余额及账龄分析表

表 3-2

应收账款账龄分析明细表

单位名称：南昌华问金属制品有限公司　　2013 年 11 月 30 日　　金额单位：元

行次	项　目	期初余额	期末余额	账龄						3 年以上账龄原因
				1 年以内	1 ~ 2 年	2 ~ 3 年	3 ~ 4 年	4 ~ 5 年	5 年以上	
1	一、应收账款原值	3 859 335.79	6 158 442.87	5 233 769.71	924 673.16					
2	其中：坏账准备	268 547.07	268 547.07	176 079.76	92 467.32					
3	应收账款净值	3 590 788.72	5 889 895.80	5 057 689.95	832 205.84					
4	二、明细科目	3 859 335.79	6 158 442.87	5 233 769.71	924 673.16					
5	1. 华问集团公司外部	3 859 335.79	6 158 442.87	5 233 769.71	924 673.16					
6	苏州运恒	1 260 876.87	2 064 392.09	2 064 392.09						
7	天邦塑料	924 673.16	1 149 234.69	224 561.53	924 673.16					
8	永盛园林		2 944 816.09	2 944 816.09						
9	厦门顺新	1 673 785.76								
10										
11	2. 华问集团公司内部									
12										
13										
14										

财务主管　　复核　　制表

编制说明：坏账准备余额在编制期中报表时一般不发生变动，只有在收回前期报损的坏账时发生变动。

表 3-3

预付账款账龄分析明细表

单位名称：南昌华问金属制品有限公司　　2013 年 11 月 30 日　　金额单位：元

行次	项　目	期初余额	期末余额	账龄						3 年以上账龄原因及采取措施
				1 年以内	1 ~ 2 年	2 ~ 3 年	3 ~ 4 年	4 ~ 5 年	5 年以上	
1	一、预付账款（资产负债表数）	1 667 722.49	2 008 538.73	2 008 538.73						
2	二、明细科目	1 667 722.49	2 008 538.73	2 008 538.73						
3	1. 华问集团公司外部	1 667 722.49	2 008 538.73	2 008 538.73						
4	广西金成	706 483.81	1 368 207.29	1 368 207.29						
5	合肥昌达		368 469.49	368 469.49						
6	河南和盛	961 238.68	271 861.95	271 861.95						
7										
8										
9										
10										
11										
12	2. 华问集团公司内部									
13										

财务主管　　复核　　制表

表 3-4

应付账款账龄分析明细表

单位名称：南昌华问金属制品有限公司　　2013 年 11 月 30 日　　金额单位：元

行次	项　目	期初余额	期末余额	账龄						3 年以上账龄原因及采取措施
				1 年以内	1 ~ 2 年	2 ~ 3 年	3 ~ 4 年	4 ~ 5 年	5 年以上	
1	一、应付账款（资产负债表数）	4 883 818.13	2 354 925.71	2 354 925.71						
2	二、明细科目	4 883 818.13	2 354 925.71	2 354 925.71						
3	1. 华问集团公司外部	4 883 818.13	2 354 925.71	2 354 925.71						
4	湖南仲祥	1 057 934.83	679 197.01	679 197.01						
5	江西至强		618 437.04	618 437.04						
6	南昌国盛	654 954.58	288 044.05	288 044.05						
7	南昌洪奇	562 269.35	769 247.61	769 247.61						
8	上海华宝	1 804 986.83								
9	湖北威特	803 672.54								
10	2. 华问集团公司内部									
11										
12										

财务主管　　复核　　制表

编制说明：坏账准备余额在编制期中报表时一般不发生变动，只有在收回前期报损的坏账时发生变动。

表 3-5

预收账款账龄分析明细表

单位名称：南昌华问金属制品有限公司　　2013 年 11 月 30 日　　金额单位：元

行次	项　目	期初余额	期末余额	账龄						3 年以上账龄原因及采取措施
				1 年	1 ~ 2 年	2 ~ 3 年	3 ~ 4 年	4 ~ 5 年	5 年以上	
1	一、预收账款（资产负债表数）	2 531 029.87	1 445 142.38	1 445 142.38						
2	二、明细科目	2 531 029.87	1 445 142.38	1 445 142.38						
3	1. 华问集团公司外部	2 531 029.87	1 445 142.38	1 445 142.38						
4	百睿塑料	754 244.68	354 564.34	354 564.34						
5	胜利包装		543 513.45	543 513.45						
6	顺新包装	1 087 346.86	149 366.77	149 366.77						
7	深圳亿高尔		397 697.82	397 697.82						
8	义乌艺友	689 438.33								
9										
10										
11	2. 华问集团公司内部									
12										
13										
14										

财务主管　　复核　　制表

编制说明：坏账准备余额在编制期中报表时一般不发生变动，只有在收回前期报损的坏账时发生变动。

三、原材料及产成品2013年11月结存表

表3-6

单位名称：南昌华问金属制品有限公司　　　　金额单位：元

仓　　库	编　　码	存货名称	型号	规格	计量单位	数　　量	金　　额
原料库	201001	铝镁合金丝	Φ0.1		吨	59.383	406 547.30
原料库	201002	铝镁合金丝	Φ0.2		吨	100.256	660 501.56
原料库	201003	铝镁合金丝	Φ0.3		吨	124.875	810 449.98
原料库	201004	铝镁合金丝	Φ0.4		吨	56.706	361 217.22
原料库	201005	铝镁合金丝	Φ0.5		吨	93.711	585 690.00
原料库	201006	铝镁合金丝	Φ0.6		吨	55.936	343 495.14
原料库	202001	低碳钢盘条	Φ6		吨	101.347	450 418.49
原料库	202002	低碳钢盘条	Φ8		吨	102.468	446 067.79
原料库	202003	低碳钢盘条	Φ12		吨	110.700	463 100.16
原料库	203001	不锈钢丝	Φ2.0		吨	86.439	516 030.45
原料库	203002	不锈钢丝	Φ2.5		吨	58.557	342 463.00
原料库	203003	不锈钢丝	Φ3.0		吨	46.612	267 364.56
原料库	203004	不锈钢丝	Φ3.5		吨	124.864	705 214.39
原料库	203005	不锈钢丝	Φ4.0		吨	123.697	687 301.35
原料库	204001	油漆		草绿色	公升	1 251.966	53 271.15
原料库	204002	油漆		墨绿色	公升	1 409.200	51 717.64
原料库	204003	油漆		白色	公升	1 012.050	50 491.17
原料库	204004	油漆		蓝色	公升	2 455.950	115 871.72
原料库	204005	油漆		红色	公升	1 948.416	90 796.18
原料库	205001	锌锭	0#		吨	32.132	401 650.00
原料库	205002	锌锭	1#		吨	11.650	144 576.50
成品库	102002	镀锌丝	Φ2.5		吨	12.69	65 917.09
成品库	102001	镀锌丝	Φ2.2		吨	63.03	327 279.86
成品库	102003	镀锌丝	Φ2.7		吨	70.17	364 397.82
成品库	101004	烤漆丝	Φ0.4	墨绿色	吨	1.05	7 548.48

续表

仓　　库	编　　码	存 货 名 称	型号	规格	计量单位	数　　量	金　　额
成品库	101003	烤漆丝	Φ0.3	墨绿色	吨	4.97	35 729.46
成品库	101004	烤漆丝	Φ0.4	红色	吨	5.09	36 570.58
成品库	101003	烤漆丝	Φ0.3	蓝色	吨	5.92	42 523.09
成品库	101006	烤漆丝	Φ0.6	墨绿色	吨	5.94	42 666.87
成品库	101004	烤漆丝	Φ0.4	草绿色	吨	6.10	43 853.06
成品库	101006	烤漆丝	Φ0.6	蓝色	吨	8.48	60 948.57
成品库	101006	烤漆丝	Φ0.6	白色	吨	9.19	66 031.21
成品库	101005	烤漆丝	Φ0.5	墨绿色	吨	10.08	72 472.58
成品库	101005	烤漆丝	Φ0.5	草绿色	吨	10.17	73 141.16
成品库	101006	烤漆丝	Φ0.6	红色	吨	10.17	73 141.16
成品库	101001	烤漆丝	Φ0.1	草绿色	吨	10.60	76 189.31
成品库	101001	烤漆丝	Φ0.1	红色	吨	11.88	85 398.45
成品库	101002	烤漆丝	Φ0.2	白色	吨	12.03	86 455.24
成品库	101001	烤漆丝	Φ0.1	白色	吨	13.00	93 471.73
成品库	101005	烤漆丝	Φ0.5	红色	吨	13.57	97 519.15
成品库	101006	烤漆丝	Φ0.6	草绿色	吨	13.73	98 726.90
成品库	101002	烤漆丝	Φ0.2	蓝色	吨	15.12	108 698.09
成品库	101003	烤漆丝	Φ0.3	草绿色	吨	19.82	142 486.51
成品库	101002	烤漆丝	Φ0.2	墨绿色	吨	20.80	149 560.51
成品库	101001	烤漆丝	Φ0.1	蓝色	吨	23.39	168 158.53
成品库	101003	烤漆丝	Φ0.3	红色	吨	25.23	181 379.15
成品库	101002	烤漆丝	Φ0.2	草绿色	吨	31.30	225 045.29
成品库	103004	六角网	Φ3.5	9×11	平米	165.53	808.41
成品库	103003	六角网	Φ3.0	8×10	平米	614.24	2 999.86
成品库	103002	六角网	Φ2.5	7×9	平米	622.56	3 040.50
成品库	103001	六角网	Φ2.0	6×8	平米	1 310.88	6 402.16
成品库	103005	六角网	Φ4.0	10×12	平米	1 835.89	8 966.25

四、固定资产情况汇总表

表 3-7　　固定资产情况明细表

单位名称：南昌华问金属制品有限公司　　　　金额单位：元

类　别	固定资产名称	厂　商	规格型号	使用部门	购置日期	使用年限	残值率	账面原值	年初已提折旧	月折旧额	月折旧率
房屋及建筑物	办公楼		1 800 平米	公司总部	2002 年 12 月 6 日	20	5%	1 656 000.00	786 600.00	6 555.00	0.39583%
	车间一号厂房		3 000 平米	镀锌车间、烤漆车间	2002 年 12 月 6 日	20	5%	2 186 400.00	1 038 540.00	8 654.50	0.39583%
	车间二号厂房		5 000 平米	拉丝车间、编网车间	2002 年 12 月 6 日	20	5%	3 660 000.00	1 738 500.00	14 487.50	0.39583%
小　计								*7 502 400.00*	*3.563.640.00*	*29 697*	
机器设备	窗纱网机			编网车间	2007 年 6 月 13 日	10	5%	872 359.22	455 807.88	6 906.18	0.7917%
	轧花网机			编网车间	2007 年 6 月 30 日	10	5%	285 105.84	148 967.94	2 257.09	0.7917%
	刺绳机			编网车间	2009 年 1 月 6 日	10	5%	190 422.63	70 852.97	1 507.51	0.7917%
	烤漆生产线			烤漆车间	2007 年 6 月 13 日	10	5%	679 203.62	354 883.98	5 377.03	0.7917%
	卧式集成四连拔轧两用生产线			拉丝车间	2007 年 6 月 13 日	10	5%	529 381.82	276 602.04	4 190.94	0.7917%
	直线式全自动电镀生产线			镀锌车间	2009 年 1 月 6 日	10	5%	987 392.32	367 392.42	7 816.86	0.7917%
小　计								*3 543 865.45*	*1 674 507.23*	*28 055.61*	
运输设备	越野车	美国通用	雪佛兰	公司总部	2012 年 6 月 16 日	4	5%	290 371.93	34 481.64	5 746.94	1.97917%
	小轿车	上海大众	帕萨特	公司总部	2011 年 10 月 22 日	4	5%	216 921.00	60 105.22	4 293.23	1.97917%
	商务车	美国通用	别克	销售部	2011 年 3 月 15 日	4	5%	469 205.62	195 013.56	9 286.36	1.97917%
	东风货车	东风汽车	康明斯	销售部	2009 年 9 月 19 日	4	5%	332 065.26	256 312.68	6 572.12	1.97917%
小　计								1 308 563.81	545 913.10	25 898.65	
办公设备	电脑	联想		公司总部	2011 年 3 月 15 日	3	5%	62 462.00	34 614.30	1 648.30	2.63889%
	打印机	惠普		公司总部	2011 年 3 月 15 日	3	5%	25 626.00	14 201.04	676.24	2.63889%
	空调	格力		公司总部	2011 年 12 月 8 日	3	5%	73 624.00	23 314.32	1 942.86	2.63889%
	复印机	佳能		公司总部	2011 年 3 月 15 日	3	5%	16 362.00	9 067.38	431.78	2.63889%
小　计								*178 074.00*	*81 197.04*	*4 699.18*	
合　计								*12 532 903.26*	*5 865 257.37*	*88,350.44*	

第四部分

经济业务原始单据及操作指南

一、2013 年 12 月份发生的经济业务说明

表 4-1

业务序号	月	日	业务类别	业务说明
1	12	3	水费	付南昌水业集团水费
2	12	5	电费	付南昌供电总公司电费
3	12	2	增资	收投资股东投资款
4	12	5	审计验资	付增资验资及审计费用
5	12	5	公路运费	付佳吉公路运费
6	12	5	收货款	收永盛园林货款
7	12	5	发放工资	发放上月工资
8	12	5	社保费用	托收上月社保费用
9	12	5	住房公积金	托收上月应交住房公积金
10	12	6	电话费	现金支付电信话费
11	12	8	付货款	付南昌洪奇货款（图 4-25，4-84，4-102）
12	12	8	收货款	收上海百睿货款（图 4-26，4-168，4-170，4-194）
13	12	9	变更费	现金付工商局变更登记费
14	12	9	取现	提取备用金
15	12	9	广告费	现金支付广告费
16	12	9	所得税	支付上月应交企业所得税
17	12	9	增值税	交行支付国税增值税
18	12	9	差旅费	王晓华报销差旅费
19	12	9	差旅费	销售部陈三刚报销差旅费
20	12	10	收货款	收义乌艺友货款（图 4-36，4-169，4-174，4-195）
21	12	12	地税税款	付地税税款
22	12	12	票据背书	08576176# 承兑汇票背书湖南钟祥付货款（图 4-38，4-87，4-110）
23	12	12	票据背书	07811516# 票据背书杭州三本付货款（图 4-39，4-86，4-108）
24	12	12	票据背书	08576119# 背书上海华宝支付货款（图 4-40，4-85，4-106）
25	12	16	运费	付京九物流铁路运费
26	12	16	财政奖励	完成税收财政奖励
27	12	16	收货款	收南京莱特货款（图 4-46，4-179，4-197）

续表

业务序号	月	日	业务类别	业务说明
28	12	17	付货款	付南昌国盛货款（图 4-47，4-89，4-113）
29	12	19	付货款	付江西至强货款（图 4-48，4-83，4-101）
30	12	19	医药费	付曹丽萍因公住院医药费
31	12	19	票据背书	08576184# 银兑背书江西至强（图 4-51，4-90，4-115）
32	12	20	银行倒户	银行倒户
33	12	20	承兑托收	01525534# 银兑汇票托收到账
34	12	20	付货款	付上海成森货款（图 4-57，4-91，4-117）
35	12	20	手续费	银行划付手续费
36	12	20	公益捐款	付华安基金捐赠雅安地震款项
37	12	22	付货款	付上海华宝货款及银行手续费（图 4-61，4-62，4-92，4-119）
38	12	22	收货款	收江苏塞尔浩货款（图 4-63，4-178，4-183，4-198）
39	12	24	付货款	付南昌国盛货款（图 4-64，4-94，4-121）
40	12	24	付货款	付合肥昌达货款及银行手续费（图 4-65，4-66，4-93，4-123）
41	12	26	付货款	付杭州三本货款及银行手续费（图 4-67，4-68，4-69，4-128）
42	12	26	收货款	收武汉联创货款（图 4-69，4-176，4-181，4-185，4-200）
43	12	28	收利息	收交行转四季度利息
44	12	28	承兑背书	10216049# 承兑汇票背书合肥源丰（图 4-71，4-97，4-130）
45	12	29	运费	付京九物流铁路运费
46	12	29	收利息	收工行四季度利息
47	12	29	付货款	付上海华宝货款及银行手续费（图 4-76，4-77，4-98，4-132）
48	12	29	收货款	收东莞胜利包装货款（图 4-78，4-186，4-190，4-203）
49	12	29	收货款	收宁波永盛货款（图 4-79，4-182，4-191，4-202）
50	12	30	收承兑	07811576# 收广州天邦银兑汇票（图 4-80，4-187，4-193，4-205）
51	12	30	招待费	销售部陈三刚报销招待费
52	12	30	计提工资	根据工资汇总表工资表计提相关费用
53	12	31	计提折旧	计提本月固定资产折旧费
54	12	31	工资附加费	计提福利费、工会经费、教育经费
55	12	31	增值税	编制增值税纳税申报表，计提应交增值税
56	12	31	地税	根据应交增值税税额计算地税税款
57	12	31	五险一金	计提社会保险费五险一金
58	12	31	采购入库	根据采购入库单及采购发票填制相关凭证
59	12	31	销售发货	根据销售发货单及销售发票编制相关凭证
60	12	31	材料汇总分配	林料单计价，汇总发出材料成本并进行分配
61	12	31	产品完工入库	先登记库存商品明细入库数量，月末计算完工产品成本编制凭证
62	12	31	成本计算	计算已售产品销售成本
63	12	31	损益结转	结转销售收入
64	12	31	损益结转	结转成本费用

二、业务单据

ICBC 中国工商银行　　同城电子清算系统凭证　　回单凭证

记账日期：2013年12月03日　　检索号：0720110924150812315

汇款人名称：南昌华问金属制品有限公司　　汇款人账号：1502206219300032301
收款人名称：南昌水业集团有限责任公司　　收款人账号：1501001026300010285
币种：人民币　金额：(大写)贰仟玖佰伍拾柒元肆角壹分　　小写：2,957.41

接收行行号：150100100010　　接收行行名：
发起行行号：150428600010　　发起行行名：中国工商银行江西省分行营业部业务处理中心
汇款人开户行行号：102421000106　　汇款人开户行行名：中国工商银行南昌市八一广场营业部
收款人开户行行号：150100100010　　收款人开户行行名：中国工商银行洪城支行
报文状态：已出账　　截留标志：截留
支付交易序号：3224　　票据种类：03
事由：货款

卡号:6290505080801600046　　柜员号：136146　　打印时间：2013-12-03 11:21:24
打印方式：柜面打印　　授权柜员号：0　　已打印次数：1次
地区号：1502　　网点号：15022062　　设备编号：DD0101115013

图 4-1

ICBC 中国工商银行　　同城电子清算系统凭证　　回单凭证

记账日期：2013年12月05日　　检索号：0720110924150819305

汇款人名称：南昌华问金属制品有限公司　　汇款人账号：1502206219300032301
收款人名称：国家电网南昌供电总公司　　收款人账号：1501001119300082012
币种：人民币　金额：(大写)捌万捌仟零贰拾元肆角玖分　　小写：88,020.49

接收行行号：150102380010　　接收行行名：
发起行行号：150428600010　　发起行行名：中国工商银行江西省分行营业部业务处理中心
汇款人开户行行号：102421000106　　汇款人开户行行名：中国工商银行南昌市八一广场营业部
收款人开户行行号：150338410010　　收款人开户行行名：中国工商银行红谷滩支行
报文状态：已出账　　截留标志：截留
支付交易序号：3224　　票据种类：03
事由：货款

卡号:6290505080801600046　　柜员号：136146　　打印时间：2013-12-05 10:01:41
打印方式：柜面打印　　授权柜员号：0　　已打印次数：1次
地区号：1502　　网点号：15022062　　设备编号：DD0101115013

图 4-2

4000101888

江西增值税专用发票

№ 0323184

抵扣联

开票日期：2013-12-3

购货单位	名称：南昌华问金属制品有限公司 纳税人识别号：360105820020920 地址、电话：高新大道98号华问大厦 电话0791-86663959 开户行及账号：交行南昌市分行营业部 150220 621930 0950523			密码区	>>12675*+4592576669352*920245 5>1/<863>*19-- *4<>446012324>475310/521++54/ *49>3-98<>><>		
货物或应税劳务名称	规格型号	单位	数量	单价	金额	税率	税额
水费		吨	2,198.00	1.15	2,527.70	17%	429.71
合计					￥2,527.70		￥429.71
价税合计（大写）	※贰仟玖佰伍拾柒元肆角壹分				（小写）￥2,957.41		
销货单位	名称：南昌水业集团有限责任公司 纳税人识别号：360100000773168 地址、电话：南昌市灌婴路99号 96166 开户行及账号：工行洪城支行150100 102630 0010285			备注			

第二联：购货方抵扣凭证

收款人：程学平 复核：李海 开票人：江波 销货单位：（章）

图 4-3

4000101888　　**江西增值税专用发票**　　№ 0323184

发票联

开票日期：2013-12-3

购货单位	名称：南昌华问金属制品有限公司 纳税人识别号：360105820020920 地址、电话：高新大道98号华问大厦　电话0791-86663959 开户行及账号：交行南昌市分行营业部 150220 621930 0950523	密码区	>>12675*+4592576669352*920245 5>1/<863>*19-- *4<>446012324>475310/521++54/ *49>3-98<>><>

货物或应税劳务名称	规格型号	单位	数量	单价	金额	税率	税额
水费		吨	2,198.00	1.15	2,527.70	17%	429.71
合　计					￥2,527.70		￥429.71
价税合计（大写）	※贰仟玖佰伍拾柒元肆角壹分				（小写）￥2,957.41		

销货单位	名称：南昌水业集团有限责任公司 纳税人识别号：360100000773168 地址、电话：南昌市灌婴路99号 96166 开户行及账号：工行洪城支行150100 102630 0010285	备注	南昌水业集团有限责任公司 税号:360100000773168 发票专用章

收款人：程学平　　复核：李海　　开票人：江波　　销货单位：（章）

第三联：购货方记账凭证

图 4-4

4000101888

江西增值税专用发票

№ 1020971

抵扣联

（全国统一发票监制章 江西 威特实业中心研制）

开票日期：2013-12-5

购货单位	名称：南昌华问金属制品有限公司 纳税人识别号：360105820020920 地址、电话：高新大道98号华问大厦 电话0791-86663959 开户行及账号：交行南昌市分行营业部 150220 621930 0950523			密码区	>>12675*+4592576669352*920245 5>1/<863>*19-- *4<>446012324>475310/521++54/ *49>3-98<>><>		
货物或应税劳务名称	规格型号	单位	数量	单价	金额	税率	税额
电费		KW/h	121,340.63	0.62	75,231.19	17%	12,789.30
合计					¥75,231.19		¥12,789.30
价税合计（大写）	※捌万捌仟零贰拾元肆角玖分				（小写）¥88,020.49		
销货单位	名称：国家电网南昌供电总公司 纳税人识别号：360100000893015 地址、电话：南昌市丰和中大道2号 81058866 开户行及账号：工行红谷滩支行150100 111930 0082012			备注	（国家电网南昌供电总公司 360100000893015 发票专用章）		

第二联：购货方抵扣凭证

收款人：孙凯　　复核：周小妹　　开票人：洪华斌　　销货单位：（章）

图 4-5

4000101888

江西增值税专用发票

发 票 联

№ 1020971

开票日期：2013-12-5

购货单位	名　　称：南昌华问金属制品有限公司 纳税人识别号：360105820020920 地址、电话：高新大道98号华问大厦　电话0791-86663959 开户行及账号：交行南昌市分行营业部 150220 621930 0950523	密码区	>>12675*+4592576669352*920245 5>1/<863>*19-- *4<>446012324>475310/521++54/ *49>3-98<>><>

货物或应税劳务名称	规格型号	单位	数量	单价	金额	税率	税额
电费		KW/h	121,340.63	0.62	75,231.19	17%	12,789.30
合　　计					￥75,231.19		￥12,789.30
价税合计（大写）	※捌万捌仟零贰拾元肆角玖分				（小写）￥88,020.49		

销货单位	名　　称：国家电网南昌供电总公司 纳税人识别号：360100000893015 地址、电话：南昌市丰和中大道2号 81058866 开户行及账号：工行红谷滩支行150100 111930 0082012	备注	

收款人：孙凯　　复核：周小妹　　开票人：洪华斌　　销货单位：（章）

第三联：购货方记账凭证

（印章：全国统一发票监制章 江西；国家电网南昌供电总公司 360100000893015 发票专用章）

图 4-6

南昌华问金属制品有限公司

华问办字[2012]006号

股东会决议

——关于增加注册资本的决议

时间：2013年11月28日

地点：公司会议室

召集人：王晓华

根据《中华人民共和国公司法》及本公司章程规定，我公司于2013年11月28日，在公司会议室召开了2013年第2次股东会。本次股东会议应到全体股东共3人，实到股东共3人，代表100%表决权，符合公司法的相关规定。因公司扩大生产规模需要增加资本，经代表100%表决权的股东讨论通过，形成以下决议：

（一）原公司注册资本4000万元人民币，实收资本4000万元人民币。现变更为：注册资本6000万元人民币，实收资本6000万元人民币，本次增资2000万元，增资方式以现金资本投入。

增资后公司出资额、出资比例、出资时间见下表。

出资人名称	原出资额	增资额	出资比例	出资时间
华问教育集团有限公司	2000万元	1000万元	50%	2013.12.1
江西威特科技有限公司	1500万元	750万元	37.5%	2013.12.1
王晓华	500万元	250万元	12.5%	2013.12.1
合计	4000万元	2000万元	100%	

（二）全体股东一致表决修改公司章程。

公司股东会

2013年11月28日

全体股东签字：（略）

交通银行 BANK OF COMMUNICATIONS （南昌市分行） 记账回执 SLAB 40220420

接受机构:364100 回单编号:11035032 回单类型：支付系统 状 态：允许打印
业务名称:大额支付来账人工入账 业务种类： 业务编号：

付款人帐号:36040006211800062111 付款人地址：
付款人名称:江西威特科技有限公司
报文编号：38251394 发报行号:10258400002发报行名：交通银行九江市分行

收款人帐号:3610061001800008191 收款人地址：
收款人名称:南昌华问金属制品有限公司

货币、金额:CNY7,500,000.00
金额(大写):柒佰伍拾万元整

附 言:投资款
摘 要:3428062
票据日期:00000000 票据号码:00000000
交易代码:356002 借贷标志:贷方 复核柜员： 销账编号：
入账日期:20131202 会计流水:EPMXDD10325 记账柜员:EPMX001 记账机构:36480
打印日期:20131202 打印机构:361100 打印柜员:3610199 打印次数:1

（印章：交通银行 南昌市分行营业部 2013.12.02 业务受理章 (20)）

（银行盖章）

注：此记账回执加盖我行业务公章后方有效。

图 4-7

交通银行 BANK OF COMMUNICATIONS （南昌市分行） 记账回执 SLAB 40220420

接受机构:364100 回单编号:11038902 回单类型：支付系统 状 态：允许打印
业务名称:大额支付来账人工入账 业务种类： 业务编号：

付款人账号:009828201511 付款人地址：
付款人名称:华问教育集团有限公司
报文编号：89205015 发报行号:90155200042发报行名：汇丰银行武汉分行

收款人账号:3610061001800008191 收款人地址：
收款人名称:南昌华问金属制品有限公司

货币、金额:CNY10,000,000.00
金额(大写):壹仟万元整

附 言:投资款
摘 要:3428062
票据日期:00000000 票据号码:00000000
交易代码:356002 借贷标志:贷方 复核柜员： 销账编号：
入账日期:20131202 会计流水:EPMXDD14151 记账柜员:EPMX001 记账机构:36480
打印日期:20131202 打印机构:361100 打印柜员:3610199 打印次数:1

（印章：交通银行 南昌市分行营业部 2013.12.02 业务受理章 (20)）

（银行盖章）

注：此记账回执加盖我行业务公章后方有效。

图 4-8

交通银行 BANK OF COMMUNICATIONS （南昌市分行）　记账回执　SLAB 40220420

接受机构：364100　回单编号：11038932　回单类型：支付系统　状　态：允许打印
业务名称：大额支付来账人工入账　业务种类：　业务编号：

付款人账号：200015135208812　付款人地址：广州市荔湾新城甲22号
付款人名称：王晓华
报文编号：80289513　发报行号：295135125　发报行名：工商银行荔湾支行

收款人账号：361006100180000819 1　收款人地址：
收款人名称：南昌华问金属制品有限公司

货币、金额：CNY2,500,000.00
金额（大写）：贰佰伍拾万元整

附　言：投资款
摘　要：3428062
票据日期：00000000　票据号码：00000000
交易代码：356002　借贷标志：贷方　复核柜员：　销账编号：
入账日期：20131202　会计流水：EPMXDD14151　记账柜员：EPMX001　记账机构：36480
打印日期：20131202　打印机构：361100　打印柜员：3610199　（银行盖章）打印次数：1

交通银行南昌市分行营业部 2013.12.02 业务受理 (21)

注：此记账回执加盖我行业务公章后方有效。

图 4-9

邮电

江西省地方税务局通用机打发票

发　票　联

发票代码　233001172133
发票号码　00806419

开票日期：2013年12月05日　行业分类：其他服务业

纳税人识别号：360105820020920　机打号码：00806419
机器编号：100135721360　税控防伪码：JQm47k334NcXEFXKZoQZ
付款户名：江西华问金属制品有限公司　付款方式：转账

项目及摘要	单位	数量	单价	金额
验资费				2000.00
审计费				2000.00

合计人民币（大写）：　肆仟元整

开票人：陆丹　收款人：业务二部　收款单位盖章　手写无效

第一联 发票联 付款方记账凭证（手开无效）

图 4-10

交通银行
转账支票存根
30103620
00211505

附加信息
支票已收，自动进账
兴华陆丹

出票日期2013年12月5日

收款人：江西兴华会计师事务所
金　额：4,000.00
用　途：付审计及验资费

单位主管　　会计

南昌市翠德实业有限责任公司·2011年印制

（印章：……制品有限公司 财务专用章）

图 4-11

交通银行
转账支票存根
30103620
00211507

附加信息

出票日期 2013年12月05日

收款人：南昌佳吉快运有限公司
金　额：4,695.00
用　途：发义乌公路运费

单位主管　　会计

南昌市翠德实业有限责任公司·2011年印制

（印章：……制品有限公司 财务专用章）

图 4-12

交通银行进账单（收账通知）　3

2013年 12月 05日

出票人	全　称	南昌华同金属制品有限公司	收款人	全　称	南昌佳吉快运有限公司
	账　号	36100610018000008191		账　号	36102016380030230172
	开户银行	交通银行市分行营业部		开户银行	南昌银行高新大道支行
金额	人民币（大写）	肆仟陆佰玖拾伍元整		亿千百十万千百十元角分	¥469500
票据种类	转账支票	票据张数 壹	发义乌运费		
票据号码	00211507				
	复核　记账		收款人开户银行签章		

此联是收款人开户银行交给收款人的收账通知

（印章：交通银行南昌市分行营业部 2013.12.05 业务受理章 (21)）

图 4-13

公路、内河货物运输业统一发票

发　票　联

发票代码 233001110144
发票号码 00494509

开票日期：2013-12-05

机打代码 机打号码 机器编号	233001110144 00494509 499100087381	税控码	02923982*5>+<8>-1>/9<64-*/>424*53** <74741=2055>-5110/708<59>19281<1/1>4 70/8408>04<8551>04>58<8*4849*797*823 <5<18664+9-8959<0/01*944<+27611<4<++
收货人及纳税人识别号	义乌市艺友日用品有限公司 301975121037727	承运人及纳税人识别号	南昌佳吉快运有限公司 360104843082702
发货人及纳税人识别号	南昌华问金属制品有限公司 360105820020920	主管税务机关及代码	南昌市地方税务局北湖区征收管理局 36101001000

运输项目及金额

货物名称	数量（重量）	单位运价	计费里程	金额
运费	31.304	150.00	0.000	4695.00

其他项目及金额

费用名称	金额

备注

运费小计	￥4,695.00	其他费用小计	￥0.00
合计（大写）	肆仟陆佰玖拾伍元整	（小写）	4,695.00

承运人盖章：南昌佳吉快运有限公司 税号：360104843082702 发票专用章　　开票人：李珊

第一联　发票联　付款方记账凭证

手开无效

图 4-14

公路、内河货物运输业统一发票

发票联

发票代码 233001110144

发票号码 00494509

开票日期：2013-12-05

机打代码 机打号码 机器编号	233001110144 00494509 499100087381	税控码	02923982*5>+<8>-1>/9<64-*/>424*53** <74741=2055>-5110/708<59>19281<1/1>4 70/8408>04<8551>04>58<8*4849*797*823 <5<18664+9-8959<0/01*944<+27611<4<++
收货人及纳税人识别号	义乌市艺友日用品有限公司 301975121037727	承运人及纳税人识别号	南昌佳吉快运有限公司 360104843082702
发货人及纳税人识别号	南昌华问金属制品有限公司 360105820020920	主管税务机关及代码	南昌市地方税务局北湖区征收管理局 36101001000

运输项目及金额：

货物名称	数量（重量）	单位运价	计费里程	金额
运费	31.304	150.00	0.000	4695.00

其他项目及金额：

费用名称	金额

备注：

运费小计	¥4,695.00	其他费用小计	¥0.00
合计（大写）	肆仟陆佰玖拾伍元整	（小写）	4,695.00

承运人盖章：南昌佳吉快运有限公司 税号:360104843082702 发票专用章　　开票人：李珊

第二联 抵扣联 付款方抵扣凭证

手开无效

图 4-15

ICBC 中国工商银行　　资金汇划(贷记)补充凭证(收账通知)　　回单凭证

记账日期：2013年12月5日　　检索号：10201109241502000848

付款人名称：宁波永盛园林景观材料有限公司　　付款人账号：2610202009000019188
收款人名称：南昌华问金属制品有限公司　　收款人账号：1502206219300032301
币种：人民币　　金额：(大写)贰佰玖拾肆万肆仟捌佰壹拾陆元零玖分　　小写：￥2,944,816.09
用途：货款　　付款类型：
发报流水号：003141627　　收报流水号：003141628
发报流水号：015100127280024　　收报行行号：015020327202500
发报行行名：浙江省宁波市支行　　收报行行名：江西省分行营业部业务处理中心
业务种类：汇兑

卡号：629050508080160046　　柜员号：136146　　打印时间：2013-12-05 10:41:07
打印方式：自助打印　　授权柜员号：0　　已打印次数：1次
地区号：1502　　网点号：15022062　　设备编号：DD0101115013

(印章：中国工商银行南昌市分行营业部 20131205 转讫 (23))

图 4-16

银行代发工资明细表

序　号	姓　名	所属部门	银行卡号	发放金额
1	王晓华	行政管理部	622307609808903	4 083.00
2	李瑞真	行政管理部	622307609808861	3 076.92
3	方江	行政管理部	622307609808867	1 910.37
4	黄凯	行政管理部	622307609808937	1 752.52
5	肖丽萍	行政管理部	622307609808885	1 771.77
6	杨素芳	行政管理部	622307609808854	3 548.96
7	刘淑敏	行政管理部	622307609808868	2 141.37
8	蔡灿权	行政管理部	622307609808883	3 537.75
9	代英	行政管理部	622307609808884	2 226.07
10	涂燕	行政管理部	622307609808855	2 072.07
11	尹敏	行政管理部	622307609808928	1 634.76
12	李裕	行政管理部	622307609808943	3 548.96
13	刘燕	行政管理部	622307609808907	1 991.22
14	田家培	行政管理部	622307609808910	3 548.96
15	郭俊勋	行政管理部	622307609808911	2 158.73
16	熊丹凤	行政管理部	622307609808912	2 072.07
17	褚丽丽	行政管理部	622307609808908	1 752.52
18	郑学义	行政管理部	622307609808909	3 545.22
19	李昕凝	行政管理部	622307609808853	1 918.07
20	马建贻	行政管理部	622307609808880	2 001.23
21	曾向明	行政管理部	622307609808904	3 548.96

续表

序　号	姓　名	所属部门	银行卡号	发放金额
22	宗娜	行政管理部	622307609808863	2 464.77
23	姚瑶	行政管理部	622307609808882	2 156.77
24	邵玲	行政管理部	622307609808934	1 911.74
25	余小霞	行政管理部	622307609808935	1 998.92
26	万芸苹	行政管理部	622307609808906	1 756.37
27	张丽红	行政管理部	622307609808933	1 756.37
28	钟青林	行政管理部	622307609808859	2 087.75
29	王坤	行政管理部	622307609808923	4 022.83
30	胡雪梅	行政管理部	622307609808852	2 258.38
31	曹丽萍	销售部	622307609808872	1 666.34
32	陈三刚	销售部	622307609808936	3 548.96
33	付国栋	销售部	622307609808905	1 991.22
34	程钰荣	销售部	622307609808881	1 748.67
35	郑标	销售部	622307609808871	3 378.06
36	蒋云伟	销售部	622307609808860	2 984.63
37	丁小燕	销售部	622307609808895	2 096.50
38	胡日日	销售部	622307609808865	1 920.73
39	张爱萍	拉丝车间	622307609808866	2 980.25
40	张小芬	拉丝车间	622307609808930	2 538.90
41	刘玉	拉丝车间	622307609808900	2 436.84
42	李玲薇	拉丝车间	622307609808902	2 538.38
43	涂莹	拉丝车间	622307609808898	2 339.33
44	郁蕙	拉丝车间	622307609808899	2 534.00
45	卢	拉丝车间	622307609808896	2 096.50
46	伍志仁	拉丝车间	622307609808921	1 928.78
47	李桂青	拉丝车间	622307609808857	2 092.13
48	魏武	拉丝车间	622307609808879	2 092.13
49	李庆晓	拉丝车间	622307609808942	2 087.75
50	肖福洪	拉丝车间	622307609808926	1 889.29
51	王胜伟	拉丝车间	622307609808919	2 625.88
52	刘三生	烤漆车间	622307609808870	1 906.52
53	熊瑛	烤漆车间	622307609808901	2 534.07
54	杨玉芸	烤漆车间	622307609808917	2 271.50
55	魏潇雅	烤漆车间	622307609808889	1 813.70

续表

序　号	姓　名	所属部门	银行卡号	发放金额
56	林霄翔	烤漆车间	622307609808888	2 267.13
57	余露	烤漆车间	622307609808916	2 077.88
58	马丽霞	烤漆车间	622307609808914	2 258.38
59	王园园	烤漆车间	622307609808887	1 995.88
60	刘微	烤漆车间	622307609808858	1 991.50
61	支莹	烤漆车间	622307609808869	1 991.50
62	涂洋艳	烤漆车间	622307609808938	1 987.65
63	傅雅丽	烤漆车间	622307609808856	1 673.98
64	徐森涛	烤漆车间	622307609808862	3 545.22
65	燕子兵	机修车间	622307609808864	2 614.92
66	刘丽霞	机修车间	622307609808873	2 591.82
67	刘小燕	机修车间	622307609808877	2 323.23
68	胡辉玉	机修车间	622307609808913	2 158.21
69	罗晶	机修车间	622307609808851	1 832.18
70	叶瑶	电镀车间	622307609808897	2 534.07
71	裴俊	电镀车间	622307609808875	2 977.45
72	刘会玲	电镀车间	622307609808892	2 814.00
73	吕丽芳	电镀车间	622307609808890	2 639.00
74	刘晶	电镀车间	622307609808940	2 634.63
75	潘娟娟	电镀车间	622307609808939	2 107.70
76	张斌斌	电镀车间	622307609808915	2 419.83
77	杨菁	电镀车间	622307609808925	2 525.04
78	陈艳	电镀车间	622307609808920	2 525.04
79	蔡华丽	电镀车间	622307609808918	2 275.88
80	沈梅娟	编网车间	622307609808931	1 487.66
81	夏慧颖	编网车间	622307609808932	1 920.24
82	徐群	编网车间	622307609808929	1 995.88
83	周颖	编网车间	622307609808927	1 995.88
84	徐楚	编网车间	622307609808941	1 908.38
85	熊艺	编网车间	622307609808893	1 908.38
86	李红花	编网车间	622307609808922	1 904.00
87	曹雪	编网车间	622307609808891	1 904.00

续表

序　号	姓　名	所属部门	银行卡号	发放金额
88	朱思颖	编网车间	622307609808878	1 904.00
89	韩灵	编网车间	622307609808924	2 993.38
90	江颖	编网车间	622307609808894	2 622.62
91	王齐兰	编网车间	622307609808874	2 989.00
	合计			214 592.00

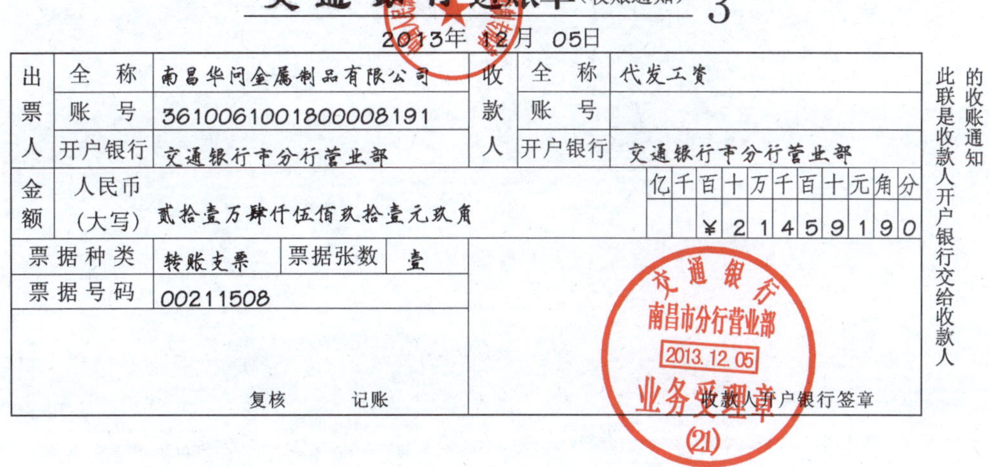

交通银行进账单（收账通知）　3

2013年 12月 05日

出票人	全称	南昌华冈金属制品有限公司	收款人	全称	代发工资
	账号	3610061001800008191		账号	
	开户银行	交通银行市分行营业部		开户银行	交通银行市分行营业部
金额	人民币（大写）	贰拾壹万肆仟伍佰玖拾壹元玖角			¥214591.90
票据种类	转账支票	票据张数	壹		
票据号码	00211508				
复核	记账		收款人开户银行签章		

此联是收款人开户银行交给收款人的收账通知

交通银行南昌市分行营业部 2013.12.05 业务受理章 (21)

图 4-17

交通银行
转账支票存根
30103620
00211508
附加信息
出票日期 2013年 12 月 5 日
收款人：代发工资
金　额：214,591.90
用　途：代发工资
单位主管　　会计

南昌市翔德实业有限责任公司・2011年印制

财务专用章

图 4-18

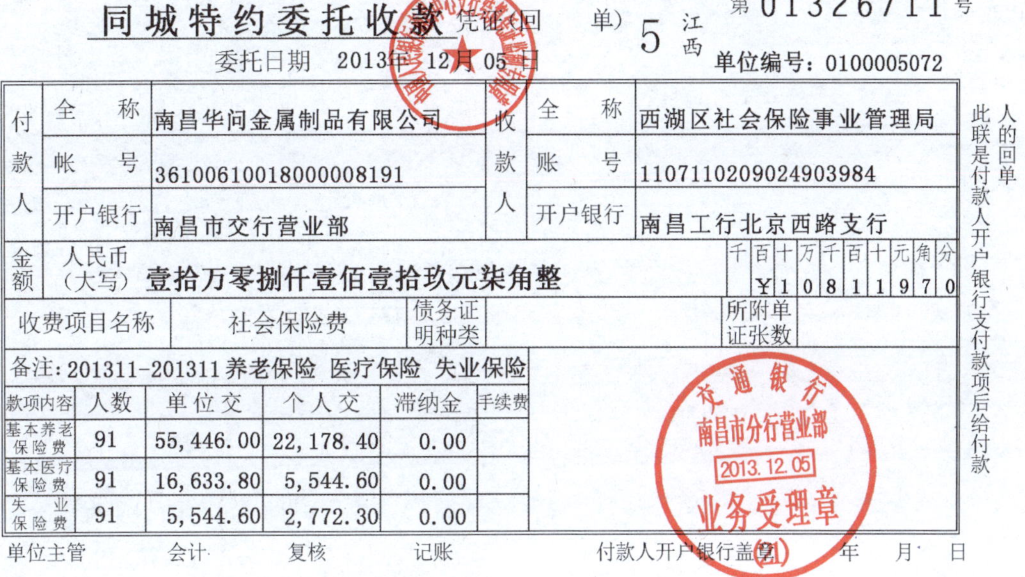

同城特约委托收款凭证（回 单） 5 江西

第01326711号

委托日期 2013年12月05日 单位编号：0100005072

付款人	全称	南昌华问金属制品有限公司	收款人	全称	西湖区社会保险事业管理局
	帐号	36100610018000008191		账号	1107110209024903984
	开户银行	南昌市交行营业部		开户银行	南昌工行北京西路支行
金额	人民币（大写）	壹拾万零捌仟壹佰壹拾玖元柒角整			¥108119.70
收费项目名称	社会保险费	债务证明种类		所附单证张数	

备注：201311-201311 养老保险 医疗保险 失业保险

款项内容	人数	单位交	个人交	滞纳金	手续费
基本养老保险费	91	55,446.00	22,178.40	0.00	
基本医疗保险费	91	16,633.80	5,544.60	0.00	
失业保险费	91	5,544.60	2,772.30	0.00	

单位主管 会计 复核 记账 付款人开户银行盖章 年 月 日

此联是付款人开户银行支付款项后给付款人的回单

交通银行南昌市分行营业部 2013.12.05 业务受理章(21)

图 4-19

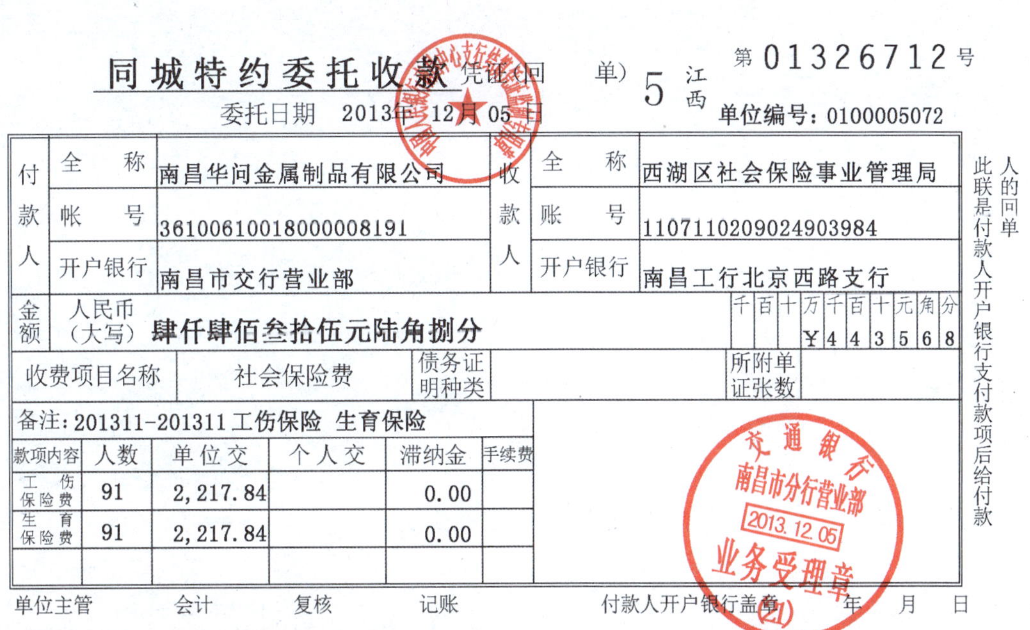

同城特约委托收款凭证（回 单） 5 江西

第01326712号

委托日期 2013年12月05日 单位编号：0100005072

付款人	全称	南昌华问金属制品有限公司	收款人	全称	西湖区社会保险事业管理局
	帐号	36100610018000008191		账号	1107110209024903984
	开户银行	南昌市交行营业部		开户银行	南昌工行北京西路支行
金额	人民币（大写）	肆仟肆佰叁拾伍元陆角捌分			¥4435.68
收费项目名称	社会保险费	债务证明种类		所附单证张数	

备注：201311-201311 工伤保险 生育保险

款项内容	人数	单位交	个人交	滞纳金	手续费
工伤保险费	91	2,217.84		0.00	
生育保险费	91	2,217.84		0.00	

单位主管 会计 复核 记账 付款人开户银行盖章 年 月 日

此联是付款人开户银行支付款项后给付款人的回单

交通银行南昌市分行营业部 2013.12.05 业务受理章(21)

图 4-20

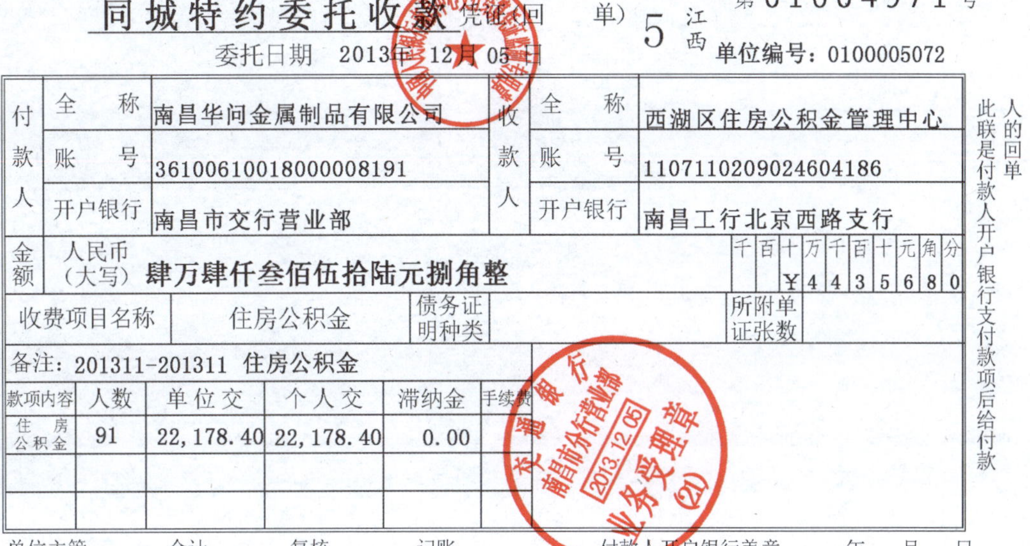

同城特约委托收款凭证（回　单）　5　江西

第 01604971 号

委托日期　2013年 12月 05日　　单位编号：0100005072

付款人	全　称	南昌华问金属制品有限公司	收款人	全　称	西湖区住房公积金管理中心
	账　号	3610061001800000 8191		账　号	1107110209024604186
	开户银行	南昌市交行营业部		开户银行	南昌工行北京西路支行
金额	人民币（大写）	肆万肆仟叁佰伍拾陆元捌角整		千百十万千百十元角分	¥4435680
收费项目名称	住房公积金	债务证明种类		所附单证张数	

备注：201311-201311　住房公积金

款项内容	人数	单位交	个人交	滞纳金	手续费
住房公积金	91	22,178.40	22,178.40	0.00	

单位主管　　会计　　复核　　记账　　付款人开户银行盖章　　年　月　日

此联是付款人开户银行支付款项后给付款人的回单

交通银行南昌市分行营业部 2013.12.05 业务受理章（21）

图 4-21

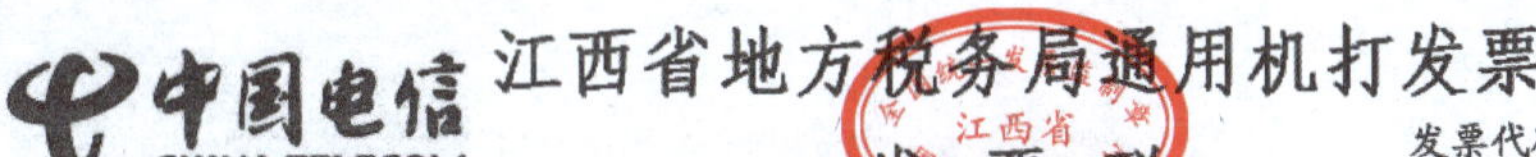

发票联

发票代码：236001249302

发票号码：31433468

开票日期 2013/12/06　　　　行业分类：通信行业

用户号码	86663959	用户名称	南昌华问金属制品有限公司	合同号	169311183

通信费计费周期（　2013/11/01　2013/11/30　）销账费用明细

来电显示　11.00　本地通话费　429.80　短信通信费　63.70　功能费　18.00

长途　586.50　优惠　40.00　我的e家　46.00

备注：现金付讫

本次实收	（大写）壹仟壹佰伍拾元整		¥ 1150.00
上次结余	2.45	本次销账 1115.00	本次结余 37.45

查询电话：10001　查询网址：jx.ct10000.com　收款员：NCHZA47　流水号：103023061013

赣地税批印（2012）第00081号 300份(1×1)起止号：3000001-3300000

发票联　（手开无效）

中国电信股份有限公司江西分公司 360101669787597 发票专用章

中国电信股份有限公司江西分公司 通信费 收费专用章

图 4-22

中国电信 CHINA TELECOM　江西省地方税务局通用机打发票

发票联

发票代码:236001249302
发票号码: 31433466

开票日期 2013/12/06　　行业分类:通信行业

赣地税批印(2012)第00081号 300份(1×1)起止号:3000001-3300000

用户号码	86665646	用户名称	南昌华问金属制品有限公司	合同号	9500875294
通信费计费周期(2013/11/01 2013/11/30)销账费用明细					
月租费 150.00　来电显示 5.00　本地通话费 491.00　长途 221.30 功能费 1.00　我的e家 46.00　短信代收费 10.00					
备注	现金付讫				
本次实收	(大写)玖佰伍拾元整			¥ 950.00	
上次结余	0.04	本次销账	924.30	本次结余	25.74
查询电话:10001　查询网址:jx.ct10000.com　收款员:NCHZA47　流水号:103024526221					

发票联（手开无效）

中国电信股份有限公司江西分公司 360101669787597 发票专用章

中国电信股份有限公司江西分公司 通信费 收费专用章

图 4-23

中国电信 CHINA TELECOM　江西省地方税务局通用机打发票

发票联

发票代码:236001249302
发票号码: 30689106

开票日期 2013/12/06　　行业分类:通信行业

赣地税批印(2012)第C0081号 300份(1×1)起止号:3000001-3300000

用户号码	18970961515	用户名称	唐建民	合同号	9500766051
通信费计费周期(2013/11/01 2013/11/30)销账费用明细					
来电显示 5.00　本地通话费 5.00　短信通话费 37.40　其他费 -0.03 彩铃 5.00　互联网应用 41.43　我的e家 229.00　套餐费 3.00 功能费 5.00　号码百事通 5.00 活动划拨 50.00					
备注	现金付讫				
本次实收	(大写)贰佰玖拾元整			¥ 290.00	
上次结余	0.78	本次销账	285.80	本次结余	4.98
查询电话:10001　查询网址:jx.ct10000.com　收款员:NCHZA47　流水号:103023654862					

发票联（手开无效）

中国电信股份有限公司江西分公司 360101669787597 发票专用章

中国电信股份有限公司江西分公司 通信费 收费专用章

图 4-24

ICBC 中国工商银行　　同城电子清算系统凭证　　回单凭证

记账日期：2013年12月8日　　检索号：0720110924150256406

汇款人名称：南昌华问金属制品有限公司　　汇款人账号：1502206219300032301
收款人名称：南昌洪奇钢铁物资有限公司　　收款人账号：1502206219300035261
币种：人民币　　金额：(大写)玖拾万元整　　小写：900,000.00

接收行行号：402428600010　　接收行行名：
发起行行号：102421000026　　发起行行名：中国工商银行江西省分行营业部业务处理中心
汇款人开户行行号：102421000106　　汇款人开户行行名：中国工商银行南昌市八一广场营业部
收款人开户行行号：403371600590　　收款人开户行行名：工行洪都支行
报文状态：已出账　　截留标志：截留
支付交易序号：3224　　票据种类：03
事由：货款

卡号：629050508080160046　　柜员号：136146　　打印时间：2013-12-08 10:41:07
打印方式：柜面打印　　授权柜员号：0　　已打印次数：1次
地区号：1502　　网点号：15022062　　设备编号：DD0101115013

图 4-25

ICBC 中国工商银行　　资金汇划(贷记)补充凭证(收账通知)　　回单凭证

记账日期：2013年12月8日　　检索号：102011092415020098145

付款人名称：上海百睿塑料制品有限公司　　付款人账号：2110502008000481657
收款人名称：南昌华问金属制品有限公司　　收款人账号：1502206219300032301
币种：人民币　　金额：(大写)肆拾万叁仟肆佰捌拾元伍角柒分　　小写：￥403,480.57

用途：货款　　付款类型：
发报流水号：005494687　　收报流水号：003141628
发报流水号：015100154957915　　收报行行号：015020447208810
发报行行名：上海市分行　　收报行行名：江西省分行营业部业务处理中心
业务种类：汇兑

卡号：629050508080160046　　柜员号：136146　　打印时间：2013-12-08 09:22:18
打印方式：自助打印　　授权柜员号：0　　已打印次数：1次
地区号：1502　　网点号：15022062　　设备编号：DD0101115013

图 4-26

江西省政府非税收入统一票据（102）

0095814549
No 0095814549

执收单位代码：080401　　2013 年 12 月 09 日

缴款人	南昌华问金属制品有限公司				
非税收入项目（执收码）		计量单位	数量	标准	金额
内资企业增资变更					
10401001	变更登记费		1	2,400.00	2,400.00
合计人民币（大写）	贰仟肆佰元整			￥：2,400.00	
执收单位财务专用章		经手人	吴豪	缴款方式	1、现金 ☑ 2、转账 ☐
备注：					

第二联　收据联

现金付讫

图 4-27

交通银行
现金支票存根
30103610
00201420
附加信息

出票日期 2013年12月9日
收款人：尹敏
金额：8,000.00
用途：提取备用金
单位主管 会计

财务专用章

图 4-28

江西省地方税务局通用机打发票

发票联

发票代码 236001574120

发票号码 10806435

开票日期：2013年12月9日　　行业分类：广告业

纳税人识别号：360105820020920　　机打号码：10806435

机器编号：091210500783　　税控防伪码：VVUILI5a579g39nJX5Hk

付款户名：南昌华问金属制品有限公司　　付款方式：现付

项目及摘要	单位	数量	单价	金额
《钢材市场》2013年度广告费	元	1.00	1880	1880.00

现金付讫

合计人民币（大写）：壹仟捌佰捌拾元整　　￥1880.00

江西洪城钢材信息有限公司 360105820018460 发票专用章

开票人：童川　　收款人：黄玲　　收款单位盖章　　手写无效

第一联 发票联 付款方记账凭证（手开无效）

图 4-29

中华人民共和国 税收电子转账专用完税证

填发日期： 2013 年 12 月 09 日 (2011)赣国转电00002235

税务登记代码	360105820020920	征收机关	南昌市西湖区国税局
纳税人全称	南昌华问金属制品有限公司	收款银行	交通银行南昌市分行营业部
税种	税款所属时期	实缴金额	
企业所得税	2013年11月01-2013年11月30日	￥145,607.65	
金额合计	(大写)人民币壹拾肆万伍仟陆佰零柒元陆角伍分	￥145,607.65	
税务机关（盖章）	收款银行（盖章）	填票人（盖章）	备注：360011000477920343 11-000022357920343 缴款日期：2013-12-09 09:51:55 南昌市西湖区国税局办税服务厅

此凭证作纳税人完税凭证，此外无效

电脑打印，手写无效

图 4-30

交通银行 BANK OF COMMUNICATIONS （南昌市分行）分行电子缴税付款凭证

转账日期： 2013 年 12 月 09 日　　凭证字号： 02520953

纳税人全称及纳税人识别号： 南昌华问金属制品有限公司 360105820020920

付款人全称： 南昌华问金属制品有限公司
付款人账号： 3610061001800008191　　征收机关名称：西湖区国税局
付款人开户银行： 南昌市分行营业部　　收款国库（银行）名称：南昌市西湖区支库
小写（合计）金额： 1,208,681.55　　缴款书交易流水号：2013122062019192
大写（合计）金额： 壹佰贰拾万捌仟陆佰捌拾壹元伍角伍分　　税票号码：201110200004681647

税（费）种名称	所属日期	实缴金额
增值税	20131101-20131130	1,208,681.55

第1 次打印　　2013 12 09 / 10:16:41 ETIPDD1

打印时间：

会计流水号：　　复核：　　记账：

第二联 作付款回单（无银行收讫章无效）

图 4-31

華問 HUAWEN　差旅费报销单

报销部门：经理办　　　填报日期：2013 年 12月 9 日

姓　名	王晓华	职　别	总经理	出差事由	会务

出差起止日期自2013年 12月 2 日起至2013年 12月 4 日止共 3 天附单据 12张

日期 月	日期 日	起 讫 地 点	天数	机票费	车船费	市内交通费	住宿费	出差补助	住宿节约补助	其他	小 计
12	2	南昌至杭州往返	3		990		800	590			2380

现金付讫

总计金额（大写）￥万贰仟叁佰捌拾零元零角零分　预支　　元 补助　　元

负责人 方江　会计　审核　部门主管　出差人王晓华

图 4-32

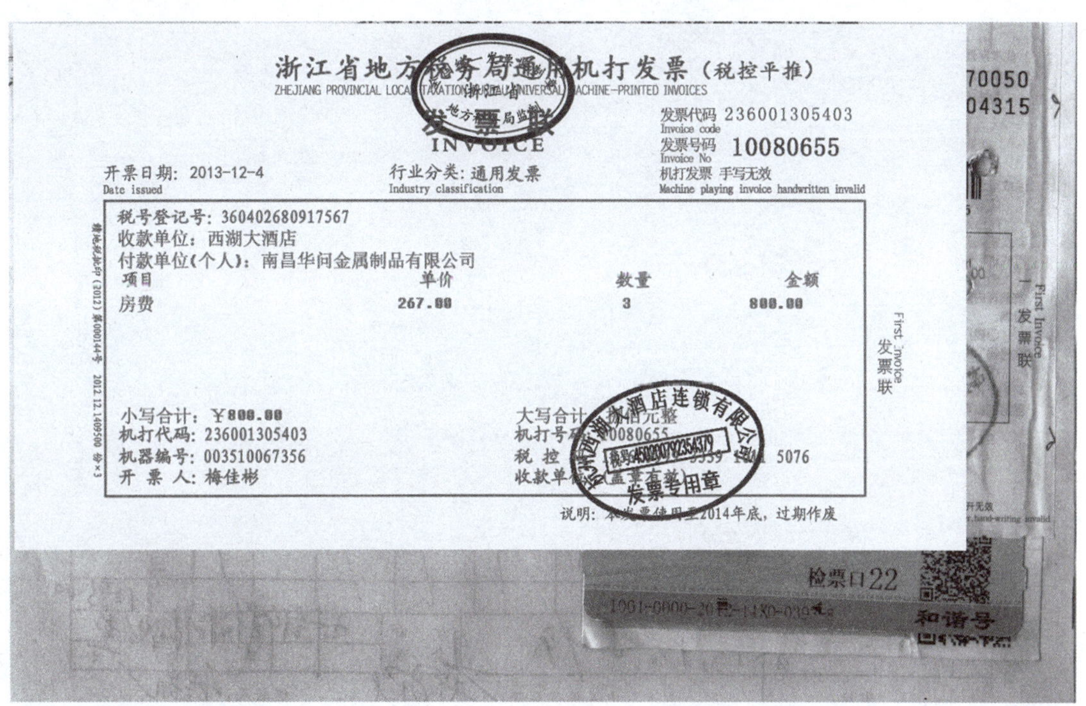

浙江省地方税务局通用机打发票（税控平推）
ZHEJIANG PROVINCIAL LOCAL TAXATION UNIVERSAL MACHINE-PRINTED INVOICES
发票联
INVOICE
发票代码 236001305403
Invoice code
发票号码 10080655
Invoice No
机打发票 手写无效
Machine playing invoice handwritten invalid
开票日期：2013-12-4
Date issued
行业分类：通用发票
Industry classification

税号登记号：360402680917567
收款单位：西湖大酒店
付款单位(个人)：南昌华问金属制品有限公司

项目	单价	数量	金额
房费	267.00	3	800.00

小写合计：￥800.00　大写合计：捌佰元整
机打代码：236001305403　机打号码：10080655
机器编号：003510067356　税　控
开 票 人：梅佳彬　收款单位（盖章有效）
发票专用章
说明：本发票使用至2014年底，过期作废

图 4-33

华问 HUAWEN **差旅费报销单**

报销部门：销售部　　　　填报日期：2013 年 12月 9 日

姓名	陈三刚	职别	销售部经理	出差事由	销售业务							
出差起止日期自2013年12月7日起至2013年12月9日止共2天附单据18张												
日期 月	日期 日	起讫地点	天数	机票费	车船费	市内交通费	住宿费	出差补助	住宿节约补助	其他	小计	
12	7	南昌至上海往返	2		580	98	320	120			1118.00	
总计金额（大写） ¥万壹仟壹佰壹拾捌元零角零分　预支 2000 元 补助　　元												

负责人 王晓华　　会计　　审核　　部门主管　　出差人 陈三刚

现金付讫

图 4-34

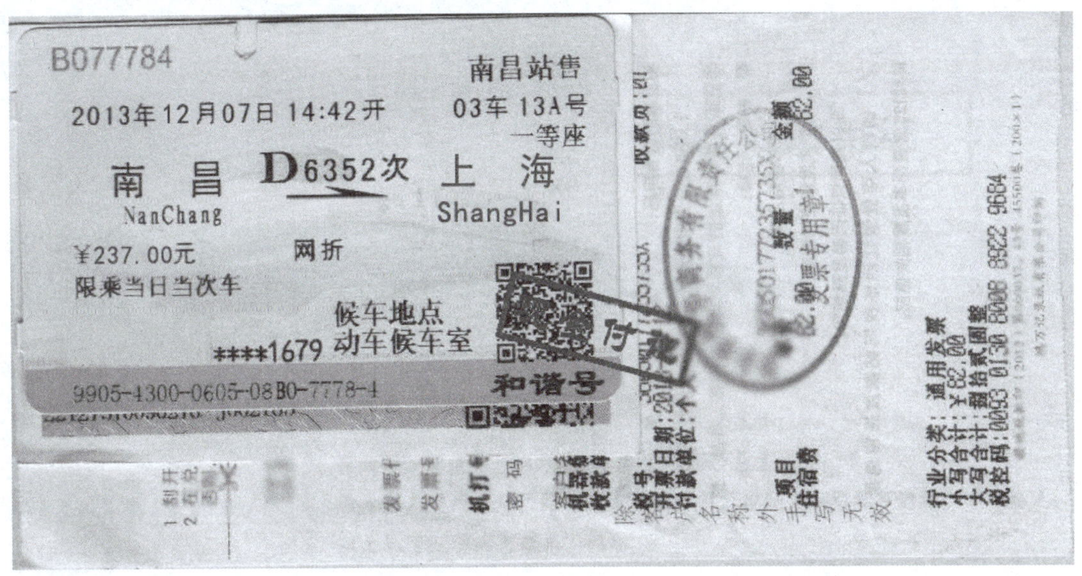

B077784　南昌站售

2013年12月07日 14:42开　03车 13A号

一等座

南昌 D6352次 上海

NanChang　ShangHai

¥237.00元　网折

限乘当日当次车

候车地点 动车候车室

****1679

9905-4300-0605-08B0-7778-4　和谐号

图 4-35

中国人民银行 支付系统专用凭证(客户回单联) No 0004028230

定期借记来帐_已回持_凭证

包委托日期：2013-12-10　包类型：定期借记业务包　单笔编号：071002508097　支付交易序号：32562086
包发起清算行行号：102331000014　交易种类：小额定期借记　业务类型：00114定期借记业务　业务种类：00403

发起行行号：102331002010　收款人开户行行号：102331002010　委托日期：2013-12-10
发起行名称：中国工商银行杭州市羊坝头支行
收款人名称：南昌华问金属制品有限公司
收款人账号：1201502206219300032301
收款人地址：

接收行行号：305331007101　付款人开户行行号：305331007101　收包日期：2013-12-10
接收行名称：中国民生银行股份有限公司义乌城东支行
付款人名称：义乌市艺友日用品有限公司
付款人账号：0710014170001305
付款人地址：　付款人账号：
协议编号：000000000000000000000000000000000000000000000000000000
货币符号、金额：RMB 869,299.99　大写：捌拾陆万玖仟贰佰玖拾玖元玖角玖分
汇划费：　开户行手续费：　受理行手续费：
附言：

业务回持状态：00　成功　SUC

流水日期：20131210　流水号：070099200430　打印时间：2013-12-10　11:50:09
第1次打印！
复核员：　记账：　打印：

会计　复核　记账

图 4-36

中华人民共和国
税收通用缴款书　地

隶属关系：区属　(20092)赣地缴电 02682081 号
注册类型：其他有限责任公司 填发日期：2013 年 12 月 12 日　征收机关：西湖区地方税务局

缴款单位(人)	代码	04085613	预算科目	编码	101111900
	全称	南昌华问金属制品有限公司		名称	城建税、教育附加、个人所得税
	开户银行	交行南昌市分行营业部		级次	区级
	账号	3610061001800008191	收款国库		南昌市西湖区支库

税款所属时期　2013 年　11月01至31日　税款限缴时期　2013 年　12 月　22 日

品目名称	课税数量	计税金额或销售收入	税率或单位税额	已缴或扣除额	实缴金额
城市建设维护税		1,208,681.55	7%		84,607.71
教育附加税		1,208,681.55	3%		36,260.45
地方教育附加		1,208,681.55	2%		24,173.63
个人所得税					283.78
金额合计	(大写) 壹拾肆万伍仟叁佰贰拾伍元伍角柒分				¥145,325.57

缴款单位(人)(盖章)经办人(章)	税务机关(盖章)填票人(章) 陈菊平	上列款项已收妥并划转收款单位账户。国库(银行)盖章　年　月　日	备注：

逾期不缴按税法规定加收滞纳金。

无银行收款章无效

第一联(收据)国库(银行)收款盖章后退缴款单位(人)作完税凭证

图 4-37

银行承兑汇票

2　$\frac{GA}{01}$ 08576176

出票日期（大写）　贰零壹叁 年 壹拾壹 月 贰拾陆日

出票人全称	上海百睿塑料制品有限公司	收款人	全　称	南昌华问金属制品有限公司
出票人账号	1002407711007016489		账　号	3610061001800008191
付款行全称	交通银行福海路支行		开户银行	交行南昌市分行营业部
出票金额	人民币（大写）壹佰伍拾万元整			亿 千 百 十 万 千 百 十 元 角 分 ¥ 1 5 0 0 0 0 0 0 0
汇票到期日（大写）	贰零壹肆年零伍月贰拾伍日	付款行	行号	30152100003
承兑协议编号	T[illegible]10[illegible]07[illegible]1182		地址	上海市嘉定工业区福海路8号
本汇票请你行承兑，到期无条件付款 出票人签章		本汇票已经承兑，到期日由本行付款 承兑日期：　年　月　日 备注：		银兑原件已收，冲抵货款。 2013-12-12 复核：　　记账：

此联收款人开户行随托收凭证寄付款行作借方凭证附件

图 4-38

银行承兑汇票

2　$\frac{GA}{01}$ 07811516

出票日期（大写）　贰零壹叁 年 壹拾壹 月 壹拾陆日

出票人全称	广州市天邦塑料制品有限公司	收款人	全　称	南昌华问金属制品有限公司
出票人账号	3201022601201000016727		账　号	3610061001800008191
付款行全称	工商银行花都支行		开户银行	交行南昌市分行营业部
出票金额	人民币（大写）伍拾万元整			亿 千 百 十 万 千 百 十 元 角 分 ¥ 5 0 0 0 0 0 0 0
汇票到期日（大写）	贰零壹肆年零伍月壹拾伍日	付款行	行号	102362002375
承兑协议编号	[illegible]0010002N		地址	广州市花都天河路5号
本汇票请你行承兑，到期无条件付款 出票人签章		本汇票已经承兑，到期日由本行付款 承兑日期：　年　月　日 备注：		票据已收，冲抵货款 2013-12-12 复核：　　记账：

此联收款人开户行随托收凭证寄付款行作借方凭证附件

图 4-39

银行承兑汇票 2 GA 01 08576119

出票日期（大写） 贰零壹叁 年 壹拾壹 月 贰拾壹日

出票人全称	上海百睿塑料制品有限公司	收款人	全称	南昌华问金属制品有限公司
出票人账号	100240771007016489		账号	3610061001800008191
付款行全称	交通银行福海路支行		开户银行	交行南昌市分行营业部
出票金额	人民币（大写）壹佰万元整		亿千百十万千百十元角分	¥100000000
汇票到期日（大写）	贰零壹肆年零伍月贰拾日	付款行	行号	30152100003
承兑协议编号	T01000701182		地址	上海市嘉定工业区福海路8号
本汇票请你行承兑，到期无条件付款 出票人签章		本汇票已经承兑，到期日由本行付款 承兑日期 年 月 日 备注：		银兑原件已收，冲抵货款。2013-12-12 复核： 记账：

此联收款人开户行随托收凭证寄付款行作借方凭证附件

图 4-40

货　　票　　U087724

计划号码或运输号码 01N00699390　　南昌铁路局　　丙联　承运及收款凭证：发站　托运人

发站	南昌东	到站（局）	义乌南	车种车号	C64 4852889	货车标重	61	承运人/托运人装车
经由		货物运到期限	6	施封号码或铁路篷布号码	+D71213912			
运价里程	1109/571/541/1109	集装箱箱型		保价金额	20000			
托运人名称及地址	南昌华问金属制品有限公司							
收货人名称及地址	义乌市艺友日用品有限公司							

货物品名	品名代码	件数	货物重量	计费重量	运价号	运价率
烤漆丝	0530999	5	56000	55.78	11.40	0.61200
合计		5	56000	55.78	11.40	0.61200

现付费用			
费别	金额	费别	金额
运费	4835.50	印花税	2.70
电化费	418.00	铁建基金	2232.40
保价费	40.00	京九分流费	198.00
合计	￥7726.60		

集号装箱码：

记事：大客户集中结算（1055001），不核收取送车费；自装卸；自备篷布
抵税人：南昌华问金属制品有限公司

发站承运日期戳 20131216　制票人：吴继红　经办人章：

（印章：南昌铁路局 2013.12.16 南昌东）

图 4-41

货　票

U087801

计划号码或运输号码　01N00699419　　南昌铁路局　　丙联　承运及收款凭证：发站　托运人

发站	南昌东	到站(局)	义乌南	车种车号	C64 4802168	货车标重	61	承运人/托运人装车
经由		货物运到期限	6	施封号码或铁路篷布号码	+D71213912			
运价里程	1109/571/541/1109	集装箱箱型		保价金额	20000			
托运人名称及地址	南昌华问金属制品有限公司							
收货人名称及地址	义乌市艺友日用品有限公司							

货物品名	品名代码	件数	货物重量	计费重量	运价号	运价率
烤漆丝	0530999	5	56000	55.617	11.40	0.61200
合计		5	56000	55.617	11.40	0.61200

现付费用			
费别	金额	费别	金额
运费	4805.50	印花税	2.70
电化费	418.00	铁建基金	2232.40
保价费	40.00	京九分流费	198.00
合计	￥7696.60		

集装箱号码：

记事：大客户集中结算（1055001），不核收取送车费；自装卸；自备篷布
抵税人：南昌华问金属制品有限公司

发站承运日期戳：南昌铁路局 2013.12.16 南昌东 (16)

制票人：吴继红

20131216

经办人章：

图 4-42

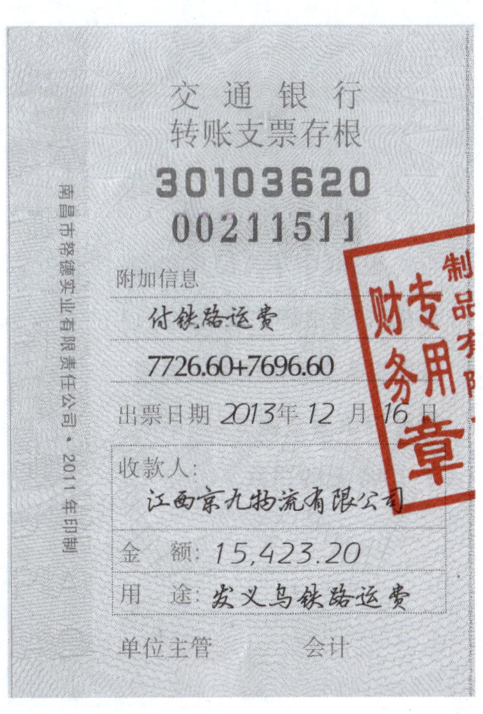

交通银行
转账支票存根
30103620
00211511

附加信息
付铁路运费
7726.60+7696.60

出票日期 2013年12月16日

收款人：江西京九物流有限公司

金额：15,423.20

用途：发义乌铁路运费

单位主管　　会计

南昌市辉德实业有限责任公司·2011年印制

图 4-43

交通银行进账单（收账通知）　3

2013年　12月　16日

出票人	全　称	南昌华问金属制品有限公司	收款人	全　称	江西京九物流有限公司
	账　号	3610061001800008191		账　号	36001050726053516982
	开户银行	交通银行市分行营业部		开户银行	建设银行南昌建设分理处
金额	人民币（大写）	壹万伍仟肆佰贰拾叁元贰角整		亿千百十万千百十元角分	¥1542320
票据种类	转支	票据张数	壹	发义乌铁路运费	
票据号码	00211511				
复核　　记账				收款人开户银行签章	

此联是收款人开户银行交给收款人的收账通知

图 4-44

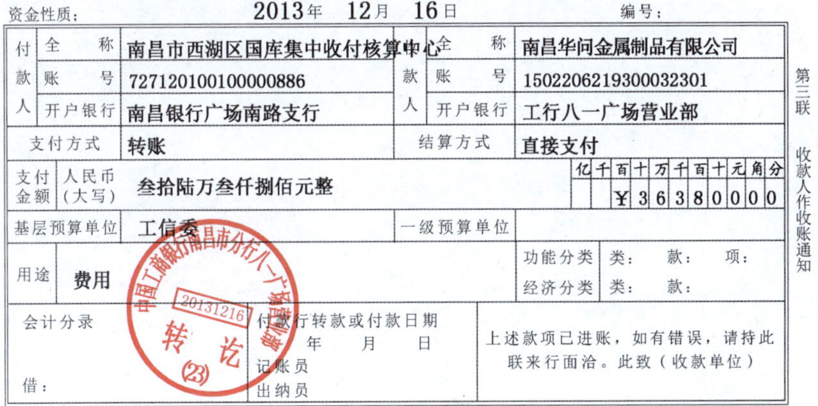

财政资金支付凭证（收账通知）　№ 00106256

资金性质：　　2013年　12月　16日　　编号：

付款人	全　称	南昌市西湖区国库集中收付核算中心	收款人	全　称	南昌华问金属制品有限公司
	账　号	727120100100000886		账　号	1502206219300032301
	开户银行	南昌银行广场南路支行		开户银行	工行八一广场营业部
支付方式		转账	结算方式		直接支付
支付金额	人民币（大写）	叁拾陆万叁仟捌佰元整		亿千百十万千百十元角分	¥36380000
基层预算单位		工信委	一级预算单位		
用途		费用	功能分类		类：　款：　项：
			经济分类		类：　款：
会计分录 借：		付款行转款或付款日期 年　月　日 记账员 出纳员	上述款项已进账，如有错误，请持此联来行面洽。此致（收款单位）		

第三联　收款人作收账通知

图 4-45

ICBC 中国工商银行　资金汇划（贷记）补充凭证（收账通知）　回单凭证

记账日期：2013年12月16日　　检索号：102011092415020096816

付款人名称：南京莱特金属制品有限公司　　付款人账号：2510112008000165795

收款人名称：南昌华问金属制品有限公司　　收款人账号：1502206219300032301

币种：人民币　金额：（大写）贰佰贰拾玖万壹仟伍佰柒拾陆元零伍分　　小写：¥ 2,291,576.05

用途：货款　　付款类型：

发报流水号：005468768　　收报流水号：003954984

发报流水号：019100165749842　　收报行行号：0150203498736514

发报行行名：上海市分行　　收报行行名：江西省分行营业部业务处理中心

业务种类：汇兑

卡号：629050508080160046　　柜员号：136146　　打印时间：2013-12-16 11:10:09

打印方式：自助打印　　授权柜员号：0　　已打印次数：1次

地区号：1502　　网点号：15022062　　设备编号：DD0101115013

图 4-46

ICBC 中国工商银行　　同城电子清算系统凭证　　回单凭证

记账日期：2013年12月17日　　检索号：0720110924150259688

汇款人名称：南昌华问金属制品有限公司　　汇款人账号：1502206219300032301
收款人名称：南昌国盛物资有限公司　　收款人账号：3600165267216731688
币种：人民币　　金额：(大写)伍拾伍万叁仟柒佰肆拾贰元捌角柒分　　小写：553,742.87

接收行行号：100728100019　　接收行行名：
发起行行号：102421000026　　发起行行名：中国工商银行江西省分行营业部业务处理中心
汇款人开户行行号：102421000106　　汇款人开户行行名：中国工商银行南昌市八一广场营业部
收款人开户行行号：402428600010　　收款人开户行行名：建行南京西路营业部
报文状态：已出账　　截留标志：截留
支付交易序号：3224　　票据种类：03
事由：货款

卡号:6290505080801600046　　柜员号：136146　　打印时间：2013-12-17 11:01:21
打印方式：柜面打印　　授权柜员号：0　　已打印次数：1次
地区号：1502　　网点号：15022062　　设备编号：DD0101115013

图 4-47

ICBC 中国工商银行　　同城电子清算系统凭证　　回单凭证

记账日期：2013年12月19日　　检索号：07201109241165497913

汇款人名称：南昌华问金属制品有限公司　　汇款人账号：1502206219300032301
收款人名称：江西至强金属物资有限公司　　收款人账号：3602205271320032617
币种：人民币　　金额：(大写)贰拾贰万陆仟玖佰玖拾叁元肆角贰分　　小写：226,993.42

接收行行号：360241000065　　接收行行名：
发起行行号：102421000026　　发起行行名：中国工商银行江西省分行营业部业务处理中心
汇款人开户行行号：102421000106　　汇款人开户行行名：中国工商银行南昌市八一广场营业部
收款人开户行行号：406828130110　　收款人开户行行名：交行八一广场支行
报文状态：已出账　　截留标志：截留
支付交易序号：3224　　票据种类：03
事由：货款

卡号:6290505080801600046　　柜员号：136146　　打印时间：2013-12-19 10:11:25
打印方式：柜面打印　　授权柜员号：0　　已打印次数：1次
地区号：1502　　网点号：15022062　　设备编号：DD0101115013

图 4-48

江西省医院住院费（结算）收据　(2010)NO:62147350

姓名：曹丽萍　ID号 1018541　2013年 11月 28日　　№ 02566345

住院日期 2013月11-21日至2013月1-28日　　共 7 天　　住院床号 外科住院部26床

项目	金额	项目	金额	项目	金额
床位费	528.50	输氧费		西药	644.09
检查费	373.00	接生费		中成药	91.63
放射费		婴儿床位费		中草药	
治疗费	523.50	取暖.降温费		自费药品	
护理费	150.00	其他	7.00	费用合计	5088.50
手术费	1680.00	特需服务费		住院预交金	6000.00
化验费	465.00	材料费	628.80	出院补交款	
输血费				出院退回款	911.50
费用合计（大写）	伍仟零捌拾捌元伍角整			欠费	

医院盖章：　　复核：　　经办人：饶秀婷　　退款签名：13-11-28　电脑打印 手写无效

第二联：报销

图 4-49

交通银行
现金支票存根

30103610
00201421

附加信息

出票日期 2013年12月19日

收款人：曹丽萍

金　额：5088.50

用　途：支曹丽萍住院医药费

单位主管　　会计

图 4-50

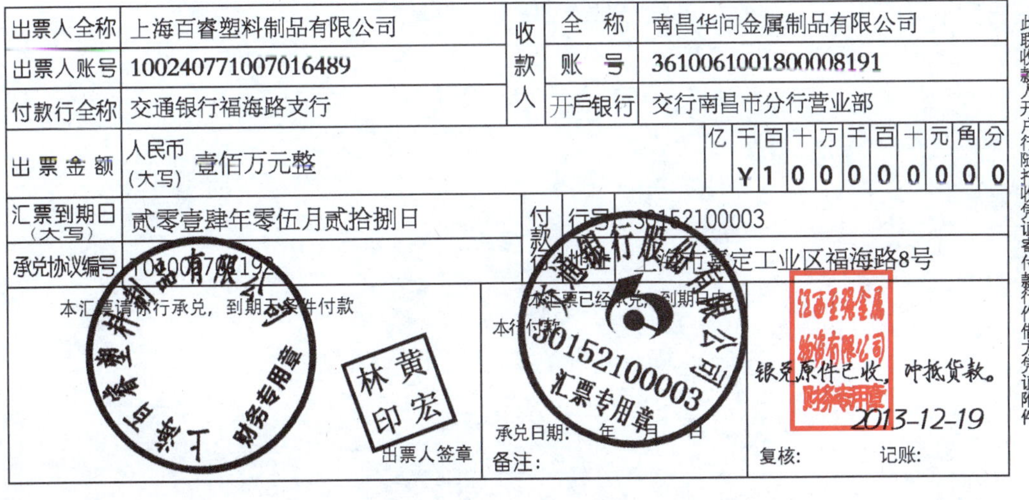

银行承兑汇票　2　$\frac{GA}{01}$08576184

出票日期（大写）　贰零壹叁年壹拾壹月贰拾玖日

出票人全称	上海百睿塑料制品有限公司	收款人	全　称	南昌华问金属制品有限公司
出票人账号	100240771007016489		账　号	3610061001800008191
付款行全称	交通银行福海路支行		开户银行	交行南昌市分行营业部
出票金额	人民币（大写）壹佰万元整			亿 千 百 十 万 千 百 十 元 角 分：¥ 1 0 0 0 0 0 0 0 0
汇票到期日（大写）	贰零壹肆年零伍月贰拾捌日	付款行	行号	30152100003
承兑协议编号	10100070019		地址	上海市嘉定工业区福海路8号

本汇票请你行承兑，到期无条件付款　　出票人签章

本汇票已经承兑，到期日由本行付款　　承兑日期：　年　月　日　　备注：

银兑原件已收，冲抵货款。2013-12-19　　复核：　　记账：

此联收款人开户行随托收凭证寄付款行作借方凭证附件

图 4-51

ICBC 中国工商银行　　同城电子清算系统凭证　　回单凭证

记账日期：2013年12月19日　　检索号：07201109241165497914

汇款人名称：南昌华问金属制品有限公司　　汇款人账号：1502206219300032301
收款人名称：南昌华问金属制品有限公司　　收款人账号：3610061001800008191
币种：人民币　金额：(大写)肆佰万元整　　小写：4,000,000.00

接收行行号：361060060018　　接收行行名：
发起行行号：102421000026　　发起行行名：中国工商银行江西省分行营业部业务处理中心
汇款人开户行行号：102421000106　汇款人开户行行名：中国工商银行南昌市八一广场营业部
收款人开户行行号：361068000010　收款人开户行行名：交行南昌市分行营业部
报文状态：已出账　　截留标志：截留
支付交易序号：3224　　票据种类：03
事由：倒户

卡号：629050508080160046　　柜员号：136146　　打印时间：2013-12-19 10:18:44
打印方式：柜面打印　　授权柜员号：0　　已打印次数：1次
地区号：1502　　网点号：15022062　　设备编号：DD0101115013

图 4-52

交通银行 BANK OF COMMUNICATIONS　（南昌市分行）　记账回执　SLAB 40220420

接受机构：364100　回单编号：11035032　回单类型：支付系统　状　态：允许打印
业务名称：小额支付来账自动入账　业务种类：　业务编号：

付款人账号：1502206219300032301　付款人地址：
付款人名称：南昌华问金属制品有限公司
报文编号：38251394　发报行号：10258400002发报行名：中国工商银行江西省分行

收款人帐号：3610061001800008191　收款人地址：
收款人名称：南昌华问金属制品有限公司

货币、金额：CNY4,000,000.00
金额(大写)：肆佰万元整

附　言：倒户
摘　要：3428062
票据日期：00000000　票据号码：00000000
交易代码：356002　借贷标志：贷方　复核柜员：　销账编号：
入账日期：20131220　会计流水：EPMXDD10050　记账柜员：EPMX001　记账机构：36480
打印日期：20131220　打印机构：361100　打印柜员：3610199　（银行盖章）数：1

注：此记账回执加盖我行业务公章后方有效。

图 4-53

银行承兑汇票　　2　　$\frac{GA}{01}$01525534

出票日期（大写）　贰零壹叁年　陆　月零叁　日

出票人全称	义乌市艺友日用品有限公司	收款人	全　称	南昌华问金属制品有限公司
出票人账号	237100003497166		账　号	361006100180008191
付款行全称	建设银行义乌支行		开户银行	交行南昌市分行营业部
出票金额	人民币（大写）壹佰万元整		亿千百十万千百十元角分	¥100000000
汇票到期日（大写）	贰零壹叁年壹拾贰月零贰日	付款行	行号	330016000467018
承兑协议编号	21880070129[illegible]		地址	义乌市大市场广场2号
本汇票请你行承兑，到期无条件付款 义乌市艺友日用品有限公司财务专用章　印李平 出票人签章		本汇票已经承兑，到期日由本行付款 中国建设银行股份有限公司 10547500703 汇票专用章 承兑日期：　年　月　日		原件托收承兑 2013-12-2
		备注：		复核：　记账：

此联收款人开户行随托收凭证寄付款行作借方凭证附件

图 4-54

托收凭证（受理回单）　　1

委托日期 2013 年 12 月 2 日

业务类型	委托收款（□邮划、☑电划）　托收承付（□邮划、□电划）				
付款人 全称	中国建设银行义乌支行		收款人 全称	南昌华问金属制品有限公司	
付款人 账号			收款人 账号	361006100180008191	
付款人 地址	浙江省义乌市/县	开户行 建行义乌支行	收款人 地址	江西省南昌市/县	开户行 交行市分行营业部
金额 人民币（大写）	壹佰万元整		亿千百十万千百十元角分	¥100000000	
款项内容	银行承兑到期托收	托收凭据名称 $\frac{GA}{01}$01525534	附寄单证张数		
商品发运情况			合同名称号码		
备注： 复核　记账	款项收妥日期 年　月　日		交通银行南昌市分行营业部 2013.12.02 业务受理章 收款人开户银行签章 年　月　日		

图 4-55

交通银行 BANK OF COMMUNICATIONS （南昌市分行） 记账回执 SLAB 40220420

接受机构:364100 回单编号:11610821 回单类型:支付系统 状 态:允许打印
业务名称:小额支付来账自动入账 业务种类: 业务编号:

付款人账号: 付款人地址:
付款人名称:建设银行义乌支行
报文编号:19816475 发报行号:11601500182发报行名:中国建设银行浙江省分行

收款人账号:361006100180008191 收款人地址:
收款人名称:南昌华问金属制品有限公司

货币、金额:CNY1,000,000.00
金额(大写):壹佰万元整

附 言:01525534#承兑汇票托收到账
摘 要:3431108
票据日期:00000000 票据号码:00000000
交易代码:356002 借贷标志:贷方 复核柜员: 销账编号:
入账日期:20131220 会计流水:EPMXDD10050 记账柜员:EPMX001 记账机构:36480
打印日期:20131220 打印机构:361100 打印柜员:3610199 （银行盖章）打印次数:1

交通银行南昌市分行营业部 2013.12.20 业务受理章 (2)

注：此记账回执加盖我行业务公章后方有效。

图 4-56

交通银行 BANK OF COMMUNICATIONS

结算业务申请书 RMB SETTLEMENT APPLICATION FORM

申请日期 Date 2013年12月20日

AB 38604901

业务类型 Type of Business：电汇 T/T ☑ 信汇 M/T ☐ 汇票申请书 D/D ☐ 本票申请书 P/N ☐ 其他 Other ☐

申请人 Applicant	全称 Full Name	南昌华问金属制品有限公司	收款人 Beneficiary	全称 Full Name	上海成森贸易有限公司
	账号或地址 A/C No. or Address	3610061001800008191		账号或地址 A/C No. or Address	3100265010005000668
	开户银行 A/C Bank	交通银行市分行营业部		开户银行 A/C Bank	工商银行北京西路支行
金额 Amount	人民币（大写）RMB in Words	壹佰零陆万陆仟贰佰玖拾贰元陆角肆分		亿千百十万千百十元角分	¥106629264
交通银行南昌市分行营业部 20131220 转(16)讫 银行签章 Bank's Authorized Signature(s) and/or Stamp(s)			支付密码 Payment Pin No.		
			电汇时需选择：Please Tick Where Applicable: 普通 Regular ☐ 加急 Urgent ☑	附加信息及用途：Message and Purpose:	货款

会计主管： 授权： 复核： 记账：

第三联 此联付款行给付款人的回单

A-025-3000-3-2006

图 4-57

交通银行 市分行营业部 付款通知书

日期 2013-12-20

机构号 361100 交易代码 392268

单位名称	南昌华问金属制品有限公司		
账号	3610061001800008191		
摘要	还款 电子汇划费: 40.00 手续费: 0.50		
		金额合计	CNY40.50
金额合计(大写)	人民币肆拾圆伍角整		

第二联 回单

SL-001-50×2-50000-2006

注:此付款通知书加盖我行业务公章方有效。

流水号 36102320061 经办 3610232

图 4-58

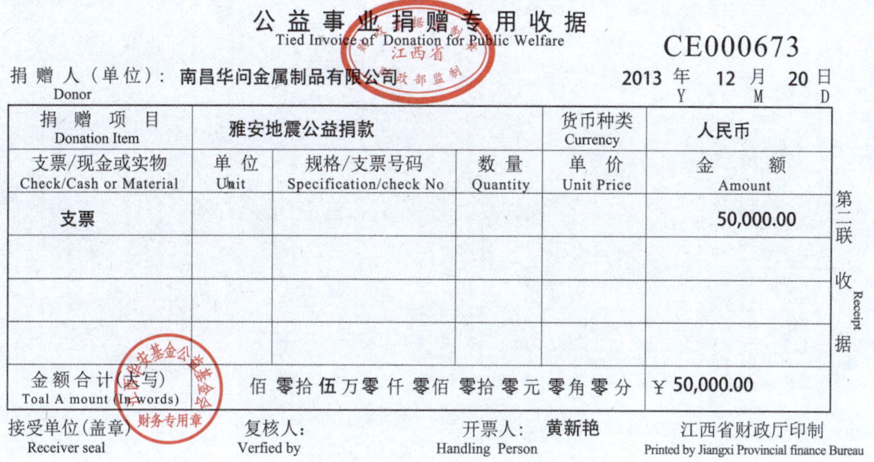

公益事业捐赠专用收据
Tied Invoice of Donation for Public Welfare

CE000673

捐赠人(单位):南昌华问金属制品有限公司 2013 年 12 月 20 日
Donor Y M D

捐赠项目 Donation Item	雅安地震公益捐款			货币种类 Currency	人民币
支票/现金或实物 Check/Cash or Material	单位 Unit	规格/支票号码 Specification/check No	数量 Quantity	单价 Unit Price	金额 Amount
支票					50,000.00
金额合计(大写) Toal A mount (In words)	佰 零拾 伍万 零仟 零佰 零拾 零元 零角 零分				¥ 50,000.00

第二联 收据 Receipt

接受单位(盖章) Receiver seal　复核人: Verfied by　开票人: 黄新艳 Handling Person　江西省财政厅印制 Printed by Jiangxi Provincial finance Bureau

图 4-59

交通银行
转账支票存根

30103620
00211522

附加信息
支票已收
华安李瑶

出票日期 2013年12月20日

收款人:
江西华安基金公益基金会

金额: 50.000.00

用途: 捐付雅安地震救灾款

单位主管　会计

南昌市黎耀实业有限责任公司·2011年印制

图 4-60

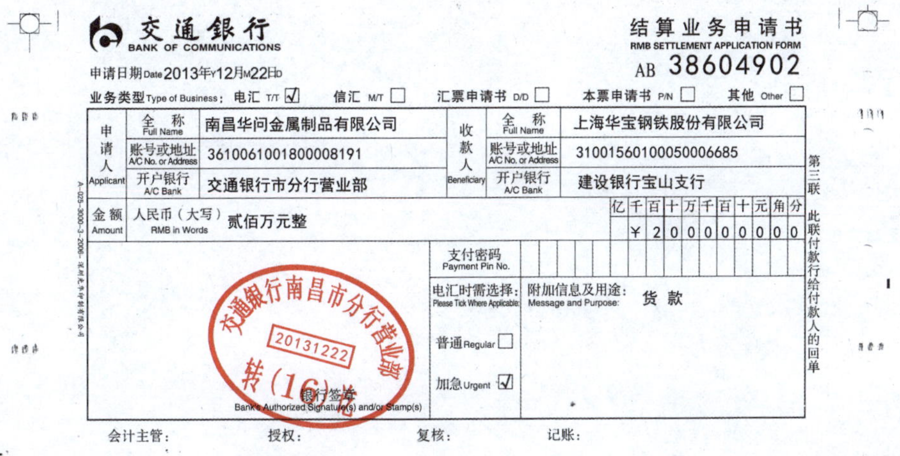

交通银行 BANK OF COMMUNICATIONS　　**结算业务申请书** RMB SETTLEMENT APPLICATION FORM

AB 38604902

申请日期 Date 2013年Y 12月M 22日D

业务类型 Type of Business：电汇 T/T ☑　信汇 M/T ☐　汇票申请书 D/D ☐　本票申请书 P/N ☐　其他 Other ☐

申请人 Applicant	全称 Full Name	南昌华问金属制品有限公司	收款人 Beneficiary	全称 Full Name	上海华宝钢铁股份有限公司
	账号或地址 A/C No. or Address	3610061001800008191		账号或地址 A/C No. or Address	3100156010005006685
	开户银行 A/C Bank	交通银行市分行营业部		开户银行 A/C Bank	建设银行宝山支行
金额 Amount	人民币（大写）RMB in Words	贰佰万元整		亿千百十万千百十元角分	¥200000000

支付密码 Payment Pin No.

电汇时需选择 Please Tick Where Applicable：普通 Regular ☐　加急 Urgent ☑

附加信息及用途 Message and Purpose：货款

交通银行南昌市分行营业部 20131222 转（16）讫

银行签章 Bank's Authorized Signature(s) and/or Stamp(s)

会计主管：　授权：　复核：　记账：

第三联 此联付款行给付款人的回单

图 4-61

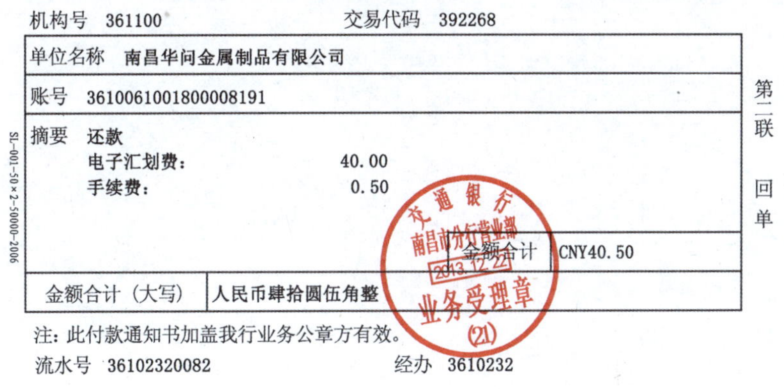

交通银行　市分行营业部　**付款通知书**

日期　2013-12-22

机构号　361100　　交易代码　392268

单位名称	南昌华问金属制品有限公司
账号	3610061001800008191
摘要	还款 电子汇划费：40.00 手续费：0.50
金额合计	CNY40.50
金额合计（大写）	人民币肆拾圆伍角整

注：此付款通知书加盖我行业务公章方有效。

流水号　36102320082　　经办　3610232

交通银行南昌市分行营业部 2013.12.22 业务受理章（21）

第二联 回单

图 4-62

ICBC 中国工商银行　资金汇划（贷记）补充凭证（收账通知）　回单凭证

记账日期：2013年12月22日　　检索号：11546654657916546454

付款人名称：江苏塞尔浩金属制品有限公司　　付款人账号：433729652018

收款人名称：南昌华问金属制品有限公司　　收款人账号：1502206219300032301

币种：人民币　金额：（大写）壹佰伍拾万元整　　小写：¥　1,500,000.00

用途：货款　　付款类型：

发报流水号：0015915765　　收报流水号：00367987

发报流水号：01912124657913　　收报行行号：015015468716554656

发报行行名：江苏省南京市分行　　收报行行名：江西省分行营业部业务处理中心

业务种类：汇兑

卡号：6290505080801600046　　柜员号：136146　　打印时间：2013-12-22 09:18:11

打印方式：自助打印　　授权柜员号：0　　已打印次数：1次

地区号：1502　　网点号：15022062　　设备编号：DD0101115013

中国工商银行南昌…营业部 20131222 转讫（23）

图 4-63

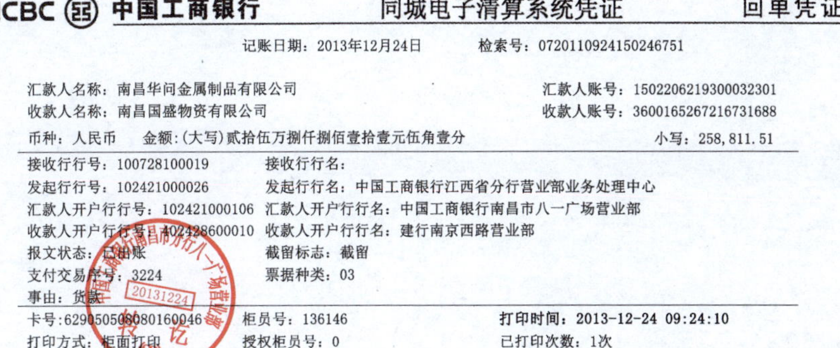

ICBC 中国工商银行　　同城电子清算系统凭证　　回单凭证

记账日期：2013年12月24日　　检索号：0720110924150246751

汇款人名称：南昌华问金属制品有限公司　　汇款人账号：1502206219300032301

收款人名称：南昌国盛物资有限公司　　收款人账号：3600165267216731688

币种：人民币　金额：(大写)贰拾伍万捌仟捌佰壹拾壹元伍角壹分　　小写：258,811.51

接收行行号：100728100019　　接收行行名：

发起行行号：102421000026　　发起行行名：中国工商银行江西省分行营业部业务处理中心

汇款人开户行行号：102421000106　　汇款人开户行行名：中国工商银行南昌市八一广场营业部

收款人开户行行号：402428600010　　收款人开户行行名：建行南京西路营业部

报文状态：已出账　　截留标志：截留

支付交易序号：3224　　票据种类：03

事由：货款

卡号：629050508080160046　　柜员号：136146　　打印时间：2013-12-24 09:24:10

打印方式：柜面打印　　授权柜员号：0　　已打印次数：1次

地区号：1502　　网点号：15022062　　设备编号：DD0101115013

图 4-64

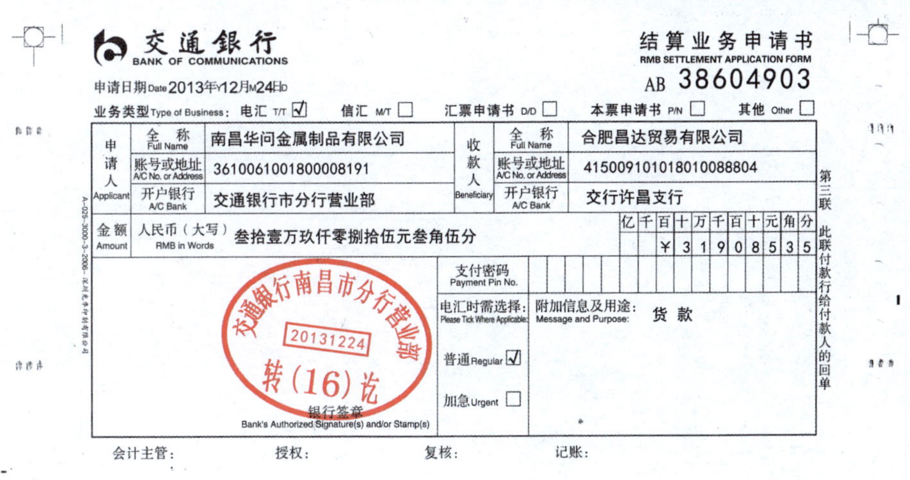

交通银行 BANK OF COMMUNICATIONS　　结算业务申请书 RMB SETTLEMENT APPLICATION FORM

申请日期 Date 2013年12月24日　　AB 38604903

业务类型 Type of Business：电汇 T/T ☑　信汇 M/T ☐　汇票申请书 D/D ☐　本票申请书 P/N ☐　其他 Other ☐

申请人 Applicant	全称 Full Name	南昌华问金属制品有限公司	收款人 Beneficiary	全称 Full Name	合肥昌达贸易有限公司
	账号或地址 A/C No. or Address	3610061001800008191		账号或地址 A/C No. or Address	415009101018010088804
	开户银行 A/C Bank	交通银行市分行营业部		开户银行 A/C Bank	交行许昌支行
金额 Amount	人民币（大写）RMB in Words	叁拾壹万玖仟零捌拾伍元叁角伍分		小写	¥319085.35

支付密码 Payment Pin No.

电汇时需选择：Please Tick Where Applicable：普通 Regular ☑　加急 Urgent ☐

附加信息及用途：Message and Purpose：货款

银行签章 Bank's Authorized Signature(s) and/or Stamp(s)

会计主管：　授权：　复核：　记账：

第三联 此联付款行给付款人的回单

图 4-65

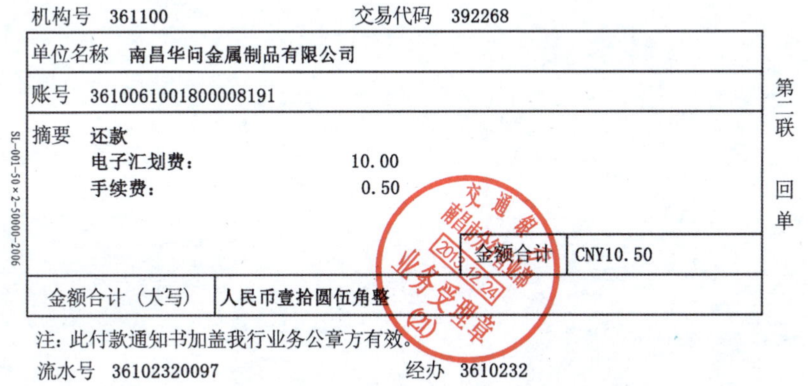

交通银行　市分行营业部　付款通知书

日期 2013-12-24

机构号 361100　　交易代码 392268

单位名称	南昌华问金属制品有限公司
账号	3610061001800008191
摘要	还款 电子汇划费：10.00 手续费：0.50
金额合计	CNY10.50
金额合计（大写）	人民币壹拾圆伍角整

第二联 回单

注：此付款通知书加盖我行业务公章方有效。

流水号 36102320097　　经办 3610232

图 4-66

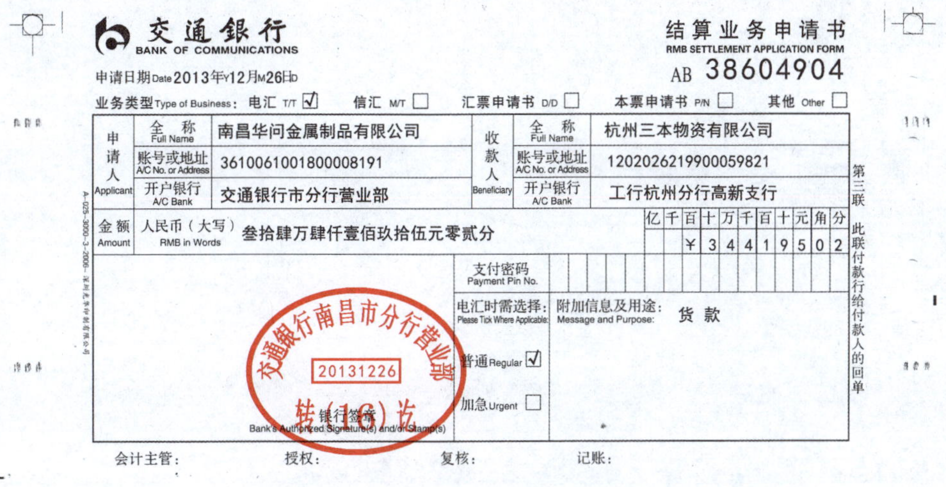

交通银行 BANK OF COMMUNICATIONS　　结算业务申请书 RMB SETTLEMENT APPLICATION FORM

申请日期 Date 2013 年 Y 12 月 M 26 日 D　　AB 38604904

业务类型 Type of Business：电汇 T/T ☑　信汇 M/T ☐　汇票申请书 D/D ☐　本票申请书 P/N ☐　其他 Other ☐

申请人 Applicant		收款人 Beneficiary	
全称 Full Name	南昌华问金属制品有限公司	全称 Full Name	杭州三本物资有限公司
账号或地址 A/C No. or Address	3610061001800008191	账号或地址 A/C No. or Address	1202026219900059821
开户银行 A/C Bank	交通银行市分行营业部	开户银行 A/C Bank	工行杭州分行高新支行

金额 Amount	人民币（大写）RMB in Words	叁拾肆万肆仟壹佰玖拾伍元零贰分	亿	千	百	十	万	千	百	十	元	角	分
					¥	3	4	4	1	9	5	0	2

支付密码 Payment Pin No.

电汇时需选择：Please Tick Where Applicable：普通 Regular ☑　加急 Urgent ☐

附加信息及用途：Message and Purpose：货款

银行签章 Bank's Authorized Signature(s) and/or Stamp(s)

交通银行南昌市分行营业部 20131226 转(16)讫

第三联　此联付款行给付款人的回单

会计主管：　授权：　复核：　记账：

图 4-67

交通银行　市分行营业部　付款通知书

日期　2013-12-26

机构号　361100　　交易代码　392268

单位名称	南昌华问金属制品有限公司	
账号	3610061001800008191	
摘要	还款 电子汇划费：　10.00 手续费：　0.50	
	金额合计	CNY10.50
金额合计（大写）	人民币壹拾圆伍角整	

交通银行 南昌市分行营业部 2013.12.26 业务受理章 (21)

第二联　回单

注：此付款通知书加盖我行业务公章方有效。

流水号　36102320127　　经办　3610232

图 4-68

ICBC 中国工商银行　资金汇划（贷记）补充凭证（收账通知）　回单凭证

记账日期：2013年12月26日　　检索号：11500465104654008797

付款人名称：武汉联创科技发展有限公司　　付款人账号：401478634610

收款人名称：南昌华问金属制品有限公司　　收款人账号：1502206219300032301

币种：人民币　金额：(大写)壹佰万元整　　小写：¥　1,000,000.00

用途：货款　　付款类型：

发报流水号：0046541654　　收报流水号：00464561

发报流水号：01465454479871　　收报行行号：0150151324671546544

发报行行名：湖北省武汉市分行　　收报行行名：江西省分行营业部业务处理中心

业务种类：汇兑

卡号：6290505080801600046　　柜员号：136146　　打印时间：2013-12-26 14:36:51

打印方式：自助打印　　授权柜员号：0　　已打印次数：1次

地区号：1502　　网点号：15022062　　设备编号：DD0101115013

中国工商银行南昌市分行八一… 20131226 转讫 (23)

图 4-69

交通银行(南昌市分行营业部)计付存款利息清单(收款通知单)

2013 年 12 月 28 日

单位名称：南昌华问金属制品有限公司					
结算账号：			存款账号：3610061001800008191		
编号	计息类型	计息起讫日期	计息积数	利率	利息金额
34611	存款	2013.9.21-2013-12-20	46134651.24		876.56
摘要：				金额合计	876.56

银行签章：交通银行 南昌市分行营业部 2013.12.28 业务受理章 (21)

图 4-70

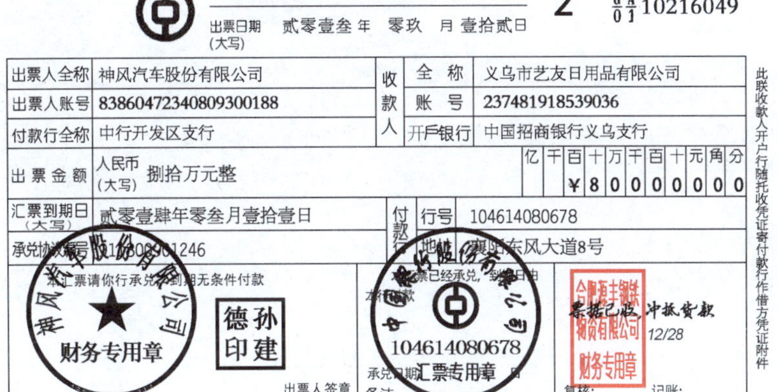

银行承兑汇票　2　$\frac{GA}{01}$10216049

出票日期（大写）　贰零壹叁 年　零玖　月 壹拾贰日

出票人全称	神风汽车股份有限公司	收款人	全　称	义乌市艺友日用品有限公司
出票人账号	83860472340809300188		账　号	237481918539036
付款行全称	中行开发区支行		开户银行	中国招商银行义乌支行
出票金额	人民币（大写）捌拾万元整		亿千百十万千百十元角分	¥80000000
汇票到期日（大写）	贰零壹肆年零叁月壹拾壹日	付款行	行号	104614080678
承兑协议编号	1[illegible]246		地址	[illegible]东风大道8号

本汇票请你行承兑，到期无条件付款

神风汽车股份有限公司 财务专用章　德孙印建　出票人签章

本汇票已经承兑，到期日由本行付款

中国银行股份有限公司 104614080678 汇票专用章　承兑日期　年　月　日

备注：

票据已收，冲抵货款 12/28　合肥[illegible]钢铁物资有限公司 财务专用章

复核：　记账：

此联收款人开户行随托收凭证寄付款行作借方凭证附件

图 4-71

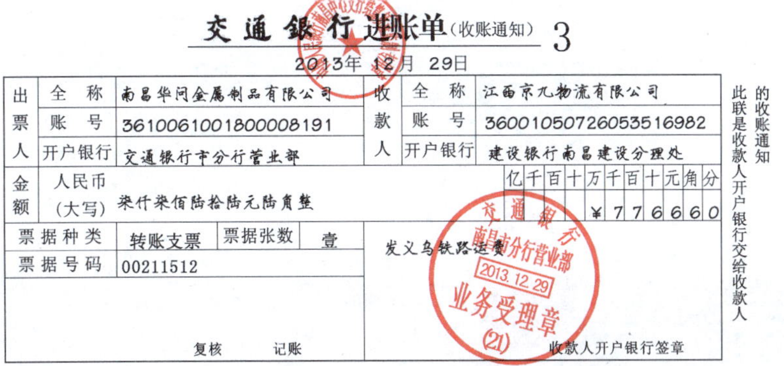

交通银行进账单(收账通知)　3

2013年 12月 29日

出票人	全　称	南昌华问金属制品有限公司	收款人	全　称	江西京九物流有限公司
	账　号	3610061001800008191		账　号	36001050726053516982
	开户银行	交通银行市分行营业部		开户银行	建设银行南昌建设分理处
金额	人民币（大写）	柒仟柒佰陆拾陆元陆角整		亿千百十万千百十元角分	¥776660
票据种类	转账支票	票据张数	壹		
票据号码	00211512				

发义乌铁路运费

复核　记账

交通银行 南昌市分行营业部 2013.12.29 业务受理章 (21)　收款人开户银行签章

此联是收款人开户银行交给收款人的收账通知

图 4-72

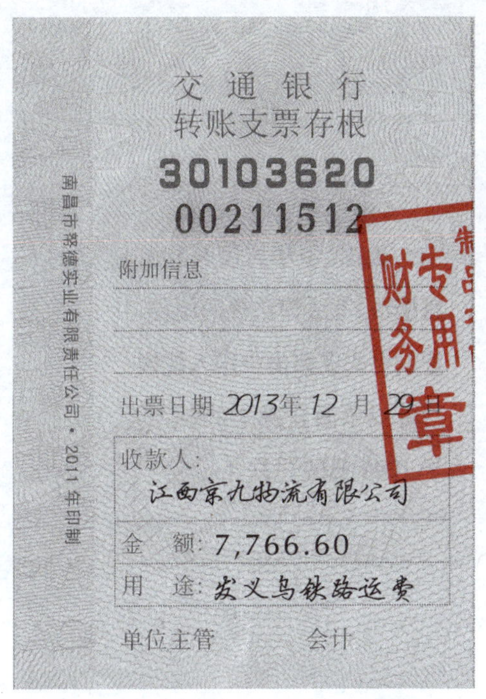

交通银行
转账支票存根
30103620
00211512

附加信息

出票日期 2013年12月29日

收款人：江西京九物流有限公司

金额：7,766.60

用途：发义乌铁路运费

单位主管 会计

南昌市赣德实业有限责任公司·2011年印制

图 4-73

货 票 U087898

计划号码或运输号码 01N00699419 南昌铁路局 丙联 承运及收款凭证：发站 托运人

发站	南昌东	到站(局)	义乌南	车种车号	C64 2892416	货车标重	61	承运人/托运人装车
经由		货物运到期限	6	施封号码或铁路篷布号码	+D71213912			
运价里程	1109/571/541/1109	集装箱箱型		保价金额	20000			
托运人名称及地址	南昌华问金属制品有限公司							
收货人名称及地址	义乌市艺友日用品有限公司							

货物品名	品名代码	件数	货物重量	计费重量	运价号	运价率
烤漆丝	0530999	5	56000	58.734	11.40	0.61200
合计		5	56000	58.734	11.40	0.61200

现付费用			
费别	金额	费别	金额
运费	4875.50	印花税	2.70
电化费	418.00	铁建基金	2232.40
保价费	40.00	京九分流费	198.00
合计	￥7766.60		

集装箱号码：

记事：大客户集中结算（1055001），不核收取送车费；自装卸；自备篷布
抵税人：南昌华问金属制品有限公司

发站承运日期戳 制票人：吴继红 20131229 经办人章：

南昌铁路局 2013.12.29 南昌东 (6)

图 4-74

ICBC 中国工商银行　　存款利息通知单（收账通知）　　回单凭证

记账日期：2013年12月29日　　检索号：03201109211502009032

付款人户名：　　付款人账号：

收款人户名：南昌华问金属制品有限公司　　收款人账号：1502206219300032301

币种：人民币　金额：（大写）肆佰陆拾玖元贰角陆分　　小写：￥469.26

存款账户科目号：201099　　核对积数：128280210.59

记息日期：20130921　　止息日期：20131220

记息积数（息余）：1,781.68　　调整积数（息余）：0.00　　冲正积数（息余）：0.00

利息区分：501　　利率：0.500000

核算网点号：2062　　利息区分：501

银行帐号：15022062112000083　　银行账号科目号：235001

卡号：6290505080801600046　　柜员号：　　打印时间：2013-12-29 10:41:07

打印方式：自助打印　　授权柜员号：　　设备编号：DD0101115013

地区号：1502　　网点号：15022062　　已打印次数：1次

图 4-75

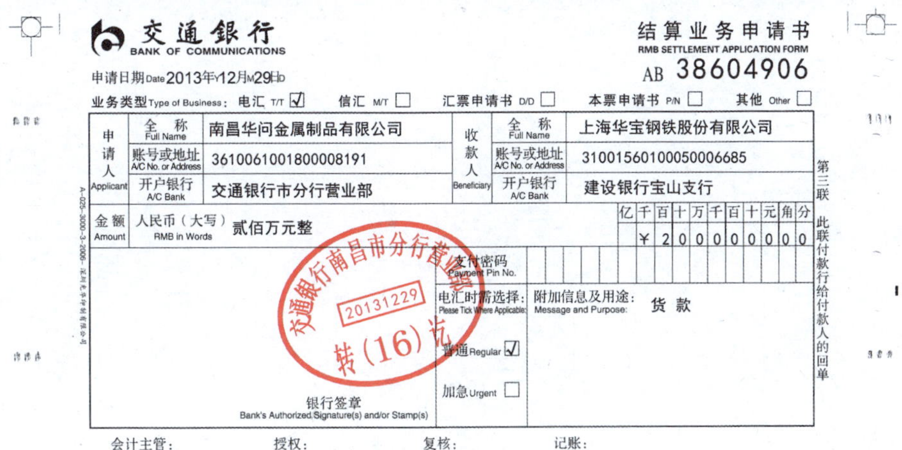

交通银行 BANK OF COMMUNICATIONS　　结算业务申请书 RMB SETTLEMENT APPLICATION FORM

AB 38604906

申请日期 Date 2013年 Y 12月 M 29日 D

业务类型 Type of Business：电汇 T/T ☑　信汇 M/T ☐　汇票申请书 D/D ☐　本票申请书 P/N ☐　其他 Other ☐

申请人 Applicant	全称 Full Name	南昌华问金属制品有限公司	收款人 Beneficiary 全称 Full Name	上海华宝钢铁股份有限公司
	账号或地址 A/C No. or Address	3610061001800008191	账号或地址 A/C No. or Address	310015601000500006685
	开户银行 A/C Bank	交通银行市分行营业部	开户银行 A/C Bank	建设银行宝山支行
金额 Amount	人民币（大写）RMB in Words	贰佰万元整	亿千百十万千百十元角分	￥200000000
银行签章 Bank's Authorized Signature(s) and/or Stamp(s)	支付密码 Payment Pin No.			
	电汇时需选择：Please Tick Where Applicable：普通 Regular ☑　加急 Urgent ☐	附加信息及用途：Message and Purpose：货款		

会计主管：　　授权：　　复核：　　记账：

第三联　此联付款行给付款人的回单

图 4-76

交通银行　市分行营业部　付款通知书

日期　2013-12-29

机构号　361100　　交易代码　392268

单位名称　南昌华问金属制品有限公司	
帐号　3610061001800008191	
摘要　还款 电子汇划费：10.00 手续费：0.50	
	金额合计　CNY10.50
金额合计（大写）	人民币壹拾圆伍角整

第二联　回单

SL-001-50×2-50000-2006

注：此付款通知书加盖我行业务公章方有效。

流水号　36102320317　　经办　3610232

图 4-77

ICBC 中国工商银行　资金汇划（贷记）补充凭证（收账通知）　回单凭证

记账日期：2013年12月29日　　检索号：115004155111021313661

付款人名称：东莞市胜利包装用品有限公司　　付款人账号：411705260123184031
收款人名称：南昌华问金属制品有限公司　　收款人账号：1502206219300032301
币种：人民币　金额：（大写）陆拾柒万贰仟贰佰肆拾玖元贰角叁分　　小写：￥ 672,249.23

用途：货款　　付款类型：
发报流水号：00165487545　　收报流水号：0085454
发报流水号：0687165498744　　收报行行号：0154987454111130001
发报行行名：广东省东莞市支行　　收报行行名：江西省分行营业部业务处理中心
业务种类：汇兑

卡号：629050508080160046　　柜员号：136146　　打印时间：2013-12-29 16:18:01
打印方式：自助打印　　授权柜员号：0　　已打印次数：1次
地区号：1502　　网点号：15022062　　设备编号：DD0101115013

（印章：中国工商银行南昌市分行八一广场营业部 20131229 转讫 (23)）

图 4-78

ICBC 中国工商银行　资金汇划（贷记）补充凭证（收账通知）　回单凭证

记账日期：2013年12月29日　　检索号：102011092415020901082

付款人名称：宁波永盛园林景观材料有限公司　　付款人账号：2610202009000019188
收款人名称：南昌华问金属制品有限公司　　收款人账号：1502206219300032301
币种：人民币　金额：（大写）壹佰零伍万陆仟壹佰零肆元陆角整　　小写：￥1,056,104.60

用途：货款　　付款类型：
发报流水号：001545131　　收报流水号：002464113
发报流水号：01165465451442　　收报行行号：015020321641131
发报行行名：浙江省宁波市支行　　收报行行名：江西省分行营业部业务处理中心
业务种类：汇兑

卡号：629050508080160046　　柜员号：136146　　打印时间：2013-12-29 12:01:24
打印方式：自助打印　　授权柜员号：0　　已打印次数：1次
地区号：1502　　网点号：15022062　　设备编号：DD0101115013

（印章：中国工商银行南昌市分行八一广场营业部 20131229 转讫 (23)）

图 4-79

银行承兑汇票　　2　　GA 01 07811576

出票日期（大写）　贰零壹叁年壹拾贰月贰拾贰日

出票人全称	广州市天邦塑料制品有限公司	收款人	全称	南昌华问金属制品有限公司
出票人账号	3201022601201000016727		账号	3610061001800008191
付款行全称	工商银行花都支行		开户银行	交行南昌市分行营业部
出票金额	人民币（大写）贰佰陆拾万元整		亿 千 百 十 万 千 百 十 元 角 分	￥ 2 6 0 0 0 0 0 0 0
汇票到期日（大写）	贰零壹肆年零陆月贰拾壹日	付款行	行号	102362002375
承兑协议编号	[illegible]0010N		地址	广州市花都天河路5号
本汇票请你行承兑，到期无条件付款　（印章：广州市天邦塑料制品有限公司 财务专用章）（印章：李凯印）　出票人签章	本汇票已经承兑，到期日由本行付款　（印章：中国工商银行股份有限公司 102362002375 汇票专用章）　承兑日期　年　月　日　备注：			原件已收存，凭复印件入账　尹敏　2013-12-30　复核：　记账：

此联收款人开户行随托收凭证寄付款行作借方凭证附件

图 4-80

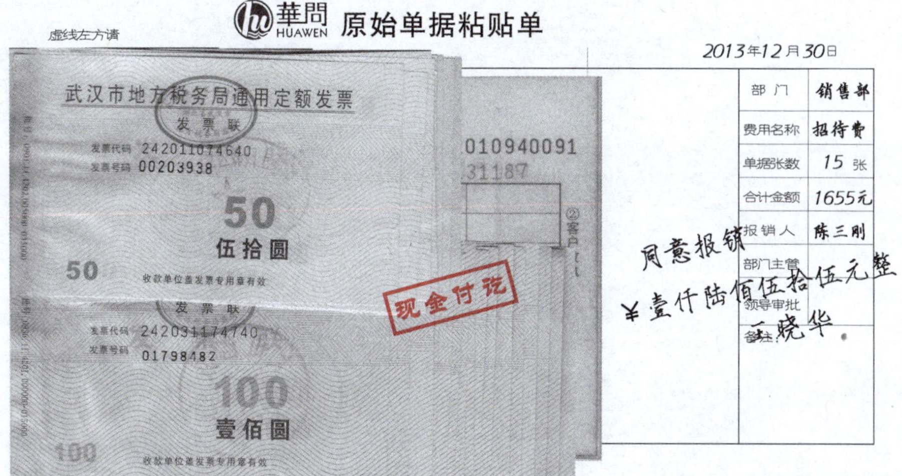

華問 HUAWEN 原始单据粘贴单

2013年12月30日

部门	销售部
费用名称	招待费
单据张数	15张
合计金额	1655元
报销人	陈三刚
部门主管	
领导审批	同意报销 ¥壹仟陆佰伍拾伍元整 王晓华
备注	

图 4-81

華問 HUAWEN 南昌华问金属制品有限公司

采购入库单

入库单号：13121001　入库日期：2013-12-5　入库类型：采购入库　部　门：采购部

供应商名称：上海成森贸易有限公司　仓库名称：原料库　备　注：

发票号码	编　码	存货名称	型号规格	单位	数　量	不含税价	金　额
	201004	铝镁合金丝	Φ0.4	吨	58.350	6,377.25	372,112.54
	201005	铝镁合金丝	Φ0.5	吨	34.140	6,248.00	213,306.72
	201006	铝镁合金丝	Φ0.6	吨	19.100	6,142.70	117,325.57
合　计					111.590		702,744.83

记　账：　复　核：郑学义　仓库保管：蔡小丽　采购员：曹丽萍

（印章：华问金属制品有限公司收发专用章）

图 4-82

華問 HUAWEN 南昌华问金属制品有限公司

采购入库单

入库单号：13121002　入库日期：2013-12-6　入库类型：采购入库　部　门：采购部

供应商名称：江西至强金属物资有限公司　仓库名称：原料库　备　注：

发票号码	编　码	存货名称	型号规格	单位	数　量	不含税价	金　额
	203001	不锈钢丝	Φ2.0	吨	17.205	5,950.00	102,369.75
	203002	不锈钢丝	Φ2.5	吨	19.367	5,830.00	112,909.61
	203003	不锈钢丝	Φ3.0	吨	7.928	5,750.00	45,586.00
	203004	不锈钢丝	Φ3.5	吨	7.065	5,650.00	39,917.25
合　计					51.565		300,782.61

记　账：　复　核：郑学义　仓库保管：蔡小丽　采购员：曹丽萍

（印章：华问金属制品有限公司收发专用章）

图 4-83

華問 HUAWEN 南昌华问金属制品有限公司

采购入库单

入库单号：13121003　入库日期：2013-12-8　入库类型：采购入库　部　门：采购部

供应商名称：南昌洪奇钢铁物资有限公司　仓库名称：原料库　备　注：

发票号码	编　码	存货名称	型号规格	单位	数　量	不含税价	金　额
	202001	低碳钢盘条	Φ6	吨	10.130	4,496.85	45,553.07
	202002	低碳钢盘条	Φ8	吨	9.350	4,358.25	40,749.64
	202003	低碳钢盘条	Φ12	吨	9.330	4,169.95	38,905.63
合　计					28.810		125,208.34

记　账：　复　核：郑学义　仓库保管：蔡小丽　采购员：曹丽萍

（印章：南昌华问金属制品有限公司 专用收发章）

图 4-84

華問 HUAWEN 南昌华问金属制品有限公司

采购入库单

入库单号：13121004　入库日期：2013-12-9　入库类型：采购入库　部　门：采购部

供应商名称：上海华宝钢铁股份有限公司　仓库名称：原料库　备　注：

发票号码	编　码	存货名称	型号规格	单位	数　量	不含税价	金　额
	201003	铝镁合金丝	Φ0.3	吨	61.990	6,572.30	407,416.82
	201005	铝镁合金丝	Φ0.5	吨	47.750	6,231.00	297,530.25
	201006	铝镁合金丝	Φ0.6	吨	51.010	6,142.70	313,339.13
合　计					160.750		1,018,286.20

记　账：　复　核：郑学义　仓库保管：蔡小丽　采购员：曹丽萍

（印章：南昌华问金属制品有限公司 专用收发章）

图 4-85

華問 HUAWEN 南昌华问金属制品有限公司

采购入库单

入库单号：13121005　入库日期：2013-12-12　入库类型：采购入库　部　门：采购部

供应商名称：杭州三本物资有限公司　仓库名称：原料库　备　注：

发票号码	编　码	存货名称	型号规格	单位	数　量	不含税价	金　额
	202001	低碳钢盘条	Φ6	吨	35.400	4,423.15	156,579.51
	202002	低碳钢盘条	Φ8	吨	28.900	4,325.50	125,006.95
	202003	低碳钢盘条	Φ12	吨	40.390	4,193.01	169,355.71
合　计					104.690		450,942.17

记　账：　复　核：郑学义　仓库保管：蔡小丽　采购员：曹丽萍

（印章：南昌华问金属制品有限公司 专用收发章）

图 4-86

華問 HUAWEN 南昌华问金属制品有限公司

采购入库单

入库单号：13121006　入库日期：2013-12-12　入库类型：采购入库　部　门：采购部

供应商名称：湖南仲祥商贸有限公司　仓库名称：原料库　备　注：

发票号码	编　码	存货名称	型号规格	单位	数　量	不含税价	金　额
	202001	低碳钢盘条	Φ6	吨	99.990	4,491.70	449,125.08
	202003	低碳钢盘条	Φ12	吨	87.340	4,125.30	360,303.70
合　计					187.330		809,428.78

记　账：　复　核：郑学义　仓库保管：蔡小丽　采购员：曹丽萍

（印章：南昌华问金属制品有限公司 收发专用章）

图 4-87

华問 HUAWEN 南昌华问金属制品有限公司

采购入库单

入库单号：13121007　入库日期：2013-12-12　入库类型：采购入库　部　门：采购部

供应商名称：南昌洪奇钢铁物资有限公司　仓库名称：原料库　备　注：

发票号码	编　码	存货名称	型号规格	单位	数　量	不含税价	金　额
	203001	不锈钢丝	Φ2.0	吨	23.080	5,948.00	137,279.84
	203002	不锈钢丝	Φ2.5	吨	20.210	5,840.50	118,036.51
	203003	不锈钢丝	Φ3.0	吨	19.280	5,725.50	110,387.64
	203004	不锈钢丝	Φ3.5	吨	9.690	5,628.80	54,543.07
	203005	不锈钢丝	Φ4.0	吨	9.690	5,528.80	53,574.07
合　计					81.950		473,821.13

记　账：　复　核：郑学义　仓库保管：蔡小丽　采购员：曹丽萍

（印章：南昌华问金属制品有限公司 收发专用章）

图 4-88

華問 HUAWEN 南昌华问金属制品有限公司

采购入库单

入库单号：13121008　入库日期：2013-12-17　入库类型：采购入库　部　门：采购部

供应商名称：南昌国盛物资有限公司　仓库名称：原料库　备　注：

发票号码	编　码	存货名称	型号规格	单位	数　量	不含税价	金　额
	201001	铝镁合金丝	Φ0.1	吨	9.780	6,801.20	66,515.74
	201002	铝镁合金丝	Φ0.2	吨	9.890	6,601.20	65,285.87
	201003	铝镁合金丝	Φ0.3	吨	9.490	6,548.00	62,140.52
	201006	铝镁合金丝	Φ0.6	吨	5.400	6,139.05	33,150.87
合　计					34.560		227,093.00

记　账：　复　核：郑学义　仓库保管：蔡小丽　采购员：曹丽萍

（印章：南昌华问金属制品有限公司 收发专用章）

图 4-89

華問 HUAWEN 南昌华问金属制品有限公司

采购入库单

入库单号：13121009　入库日期：2013-12-19　入库类型：采购入库　部　门：采购部

供应商名称：江西至强金属物资有限公司　仓库名称：原料库　备　注：

发票号码	编　码	存货名称	型号规格	单位	数　量	不含税价	金　　额
	203002	不锈钢丝	Φ2.5	吨	8.870	5,850.00	51,889.50
	203003	不锈钢丝	Φ3.0	吨	4.260	5,780.00	24,622.80
	203004	不锈钢丝	Φ3.5	吨	8.384	5,650.00	47,369.60
	203005	不锈钢丝	Φ4.0	吨	9.185	5,580.00	51,252.30
	203005	不锈钢丝	Φ4.0	吨	7.967	5,550.00	44,216.85
合　计					38.666		219,351.05

记　账：　复　核：郑学义　仓库保管：蔡小丽　采购员：曹丽萍

（印章：华问金属制品有限公司 专用 收发章）

图 4-90

華問 HUAWEN 南昌华问金属制品有限公司

采购入库单

入库单号：13121010　入库日期：2013-12-20　入库类型：采购入库　部　门：采购部

供应商名称：上海成森贸易有限公司　仓库名称：原料库　备　注：

发票号码	编　码	存货名称	型号规格	单位	数　量	不含税价	金　　额
	201003	铝镁合金丝	Φ0.3	吨	11.820	6,519.85	77,064.63
	201004	铝镁合金丝	Φ0.4	吨	10.150	6,331.00	64,259.65
	201005	铝镁合金丝	Φ0.5	吨	10.720	6,277.25	67,292.12
合　计					32.690		208,616.40

记　账：　复　核：郑学义　仓库保管：蔡小丽　采购员：曹丽萍

（印章：华问金属制品有限公司 专用 收发章）

图 4-91

華問 HUAWEN 南昌华问金属制品有限公司

采购入库单

入库单号：13121011　入库日期：2013-12-22　入库类型：采购入库　部　门：采购部

供应商名称：上海华宝钢铁股份有限公司　仓库名称：原料库　备　注：

发票号码	编　码	存货名称	型号规格	单位	数　量	不含税价	金　　额
	201002	铝镁合金丝	Φ0.2	吨	221.710	6,649.65	1,474,293.90
	201003	铝镁合金丝	Φ0.3	吨	49.510	6,536.51	323,622.51
	201006	铝镁合金丝	Φ0.6	吨	64.190	6,149.65	394,746.03
合　计					335.410		2,192,662.44

记　账：　复　核：郑学义　仓库保管：蔡小丽　采购员：曹丽萍

（印章：华问金属制品有限公司 专用 收发章）

图 4-92

華問 HUAWEN 南昌华问金属制品有限公司

采购入库单

入库单号：13121012　入库日期：2013-12-24　入库类型：采购入库　部　门：采购部

供应商名称：合肥昌达贸易有限公司　仓库名称：原料库　备　注：

发票号码	编　码	存货名称	型号规格	单位	数　量	不含税价	金　额
	201003	铝镁合金丝	Φ0.3	吨	23.090	6,548.00	151,193.32
	201005	铝镁合金丝	Φ0.5	吨	23.490	6,219.85	146,104.28
	201006	铝镁合金丝	Φ0.6	吨	47.590	6,101.20	290,356.11
合　计					94.170		587,653.71

华问金属制品有限公司收发专用章

记　账：　复　核：郑学义　仓库保管：蔡小丽　采购员：曹丽萍

图 4-93

華問 HUAWEN 南昌华问金属制品有限公司

采购入库单

入库单号：13121013　入库日期：2013-12-24　入库类型：采购入库　部　门：采购部

供应商名称：南昌国盛物资有限公司　仓库名称：原料库　备　注：

发票号码	编　码	存货名称	型号规格	单位	数　量	不含税价	金　额
	201001	铝镁合金丝	Φ0.1	吨	9.340	6,842.70	63,910.82
	201002	铝镁合金丝	Φ0.2	吨	5.210	6,649.65	34,644.68
	201003	铝镁合金丝	Φ0.3	吨	9.550	6,531.00	62,371.05
	201006	铝镁合金丝	Φ0.6	吨	9.880	6,101.20	60,279.86
合　计					33.980		221,206.41

华问金属制品有限公司收发专用章

记　账：　复　核：郑学义　仓库保管：蔡小丽　采购员：曹丽萍

图 4-94

華問 HUAWEN 南昌华问金属制品有限公司

采购入库单

入库单号：13121014　入库日期：2013-12-25　入库类型：采购入库　部　门：采购部

供应商名称：河南和盛化工有限公司　仓库名称：原料库　备　注：

发票号码	编　码	存货名称	型号规格	单位	数　量	不含税价	金　额
	204001	油漆	红色	公升	1,200.000	39.00	46,800.00
合　计					1,200.000		46,800.00

华问金属制品有限公司收发专用章

记　账：　复　核：郑学义　仓库保管：蔡小丽　采购员：曹丽萍

图 4-95

南昌华问金属制品有限公司

采购入库单

入库单号：13121015　入库日期：2013-12-26　入库类型：采购入库　部 门：采购部
供应商名称：杭州三本物资有限公司　仓库名称：原料库　备 注：

发票号码	编 码	存货名称	型号规格	单位	数 量	不含税价	金 额
	202002	低碳钢盘条	Φ8	吨	20.980	4,325.17	90,742.09
	202003	低碳钢盘条	Φ12	吨	43.130	4,169.95	179,849.94
合 计					64.110		270,592.03

记 账：　复 核：郑学义　仓库保管：蔡小丽　采购员：曹丽萍

图 4-96

南昌华问金属制品有限公司

采购入库单

入库单号：13121016　入库日期：2013-12-28　入库类型：采购入库　部 门：采购部
供应商名称：合肥源丰钢铁物资有限公司　仓库名称：原料库　备 注：

发票号码	编 码	存货名称	型号规格	单位	数 量	不含税价	金 额
	201001	铝镁合金丝	Φ0.1	吨	30.880	6,810.78	210,316.98
	201002	铝镁合金丝	Φ0.2	吨	28.790	6,642.70	191,243.33
	201004	铝镁合金丝	Φ0.4	吨	28.500	6,342.70	180,766.95
	201005	铝镁合金丝	Φ0.5	吨	38.900	6,245.34	242,943.84
合 计					127.070		825,271.10

记 账：　复 核：郑学义　仓库保管：蔡小丽　采购员：曹丽萍

图 4-97

南昌华问金属制品有限公司

采购入库单

入库单号：13121017　入库日期：2013-12-29　入库类型：采购入库　部 门：采购部
供应商名称：上海华宝钢铁股份有限公司　仓库名称：原料库　备 注：

发票号码	编 码	存货名称	型号规格	单位	数 量	不含税价	金 额
	201002	铝镁合金丝	Φ0.2	吨	52.060	6,619.30	344,600.76
	201003	铝镁合金丝	Φ0.3	吨	58.710	6,501.20	381,685.45
	201004	铝镁合金丝	Φ0.4	吨	57.580	6,385.73	367,690.51
合 计					168.350		1,093,976.72

记 账：　复 核：郑学义　仓库保管：蔡小丽　采购员：曹丽萍

图 4-98

4000101888　　上海增值税专用发票　　№ 2218185

抵扣联

开票日期：　2013-12-5

购货单位	名　　称：南昌华问金属制品有限公司 纳税人识别号：360105820020920 地址、电话：高新大道98号华问大厦　电话0791-86663959 开户行及账号：交行南昌市分行营业部 150220 621930 0950523	密码区	>>12675*+4592576669352*920245 5>1/<863>*19-- *4<>446012324>475310/521++54/ *49>3-98<>><>

货物或应税劳务名称	规格型号	单位	数量	单价	金额	税率	税额
铝镁合金丝	Φ0.4	吨	58.350	6,377.25	372,112.54	17%	63,259.13
铝镁合金丝	Φ0.5	吨	34.140	6,248.00	213,306.72	17%	48,503.76
铝镁合金丝	Φ0.6	吨	19.100	6,142.70	117,325.57	17%	19,945.35
合　计					￥702,744.83		￥119,466.62
价税合计（大写）	※捌拾贰万贰仟贰佰壹拾壹元肆角伍分				（小写）￥822,211.45		

销货单位	名　　称：上海成森贸易有限公司 纳税人识别号：310107982235534 地址、电话：北京西路26号021-86034785 开户行及账号：工商银行北京西路支行 3100265010005000668	备注	上海成森贸易有限公司 税号：310107982235534 发票专用章

收款人：张金玉　　复核：赖莉香　　开票人：刘君　　销货单位：（章）

第二联：购货方抵扣凭证

图 4-99

4000101888

上海增值税专用发票

发票联

№ 2218185

开票日期：2013-12-5

购货单位	名称：南昌华问金属制品有限公司 纳税人识别号：360105820020920 地址、电话：高新大道98号华问大厦 电话0791-86663959 开户行及账号：交行南昌市分行营业部 150220 621930 0950523			密码区	>>12675*+4592576669352*920245 5>1/<863>*19-- *4<>446012324>475310/521++54/ *49>3-98<>><>		
货物或应税劳务名称	规格型号	单位	数量	单价	金额	税率	税额
铝镁合金丝	Φ0.4	吨	58.350	6,377.25	372,112.54	17%	63,259.13
铝镁合金丝	Φ0.5	吨	34.140	6,248.00	213,306.72	17%	48,503.76
铝镁合金丝	Φ0.6	吨	19.100	6,142.70	117,325.57	17%	19,945.35
合计					￥702,744.83		￥119,466.62
价税合计（大写）	※捌拾贰万贰仟贰佰壹拾壹元肆角伍分				（小写）￥822,211.45		
销货单位	名称：上海成森贸易有限公司 纳税人识别号：310107982235534 地址、电话：北京西路26号021-86034785 开户行及账号：工商银行北京西路支行 3100265010005000668			备注			

第三联：购货方记账凭证

收款人：张金玉　　复核：赖莉香　　开票人：刘君　　销货单位：（章）

图 4-100

4000101888

江西增值税专用发票

№ 3085528

抵　扣　联

开票日期：　2013-12-6

购货单位	名　　称：南昌华问金属制品有限公司 纳税人识别号：　360105820020920 地址、电话：高新大道98号华问大厦　电话0791-86663959 开户行及账号：交行南昌市分行营业部 150220 621930 0950523	密码区	>>12675*+459257666 9352*920245 5>1/<863>*19-- *4<>446012324>475310/521++54/ *49>3-98<>><>

货物或应税劳务名称	规格型号	单位	数量	单价	金额	税率	税额
不锈钢丝	Φ2.0	吨	17.205	5,950.00	102,369.75	17%	17,402.86
不锈钢丝	Φ2.5	吨	19.367	5,830.00	112,909.61	17%	19,194.63
不锈钢丝	Φ3.0	吨	7.928	5,750.00	45,586.00	17%	7,749.62
不锈钢丝	Φ3.5	吨	7.065	5,650.00	39,917.25	17%	6,785.93
合　计					¥ 300,782.61		¥ 51,133.04
价税合计（大写）	※叁拾伍万壹仟玖佰壹拾伍元陆角伍分				（小写）¥ 351,915.65		

销货单位	名　　称：江西至强金属物资有限公司 纳税人识别号：　360108259169510 地址、电话：象山南路景日大厦1028号 87183209 开户行及账号：交行八一广场支行 36022052713200326 17	备注	江西至强金属物资有限公司 税号:360108259169510 发票专用章

收款人：高明飞　　复核：汪为明　　开票人：钟秀枝　　销货单位：（章）

第二联：购货方抵扣凭证

图 4-101

4000101888

江西增值税专用发票

№ 3085528

发票联

开票日期：2013-12-6

购货单位	名称：南昌华问金属制品有限公司 纳税人识别号：360105820020920 地址、电话：高新大道98号华问大厦　电话0791-86663959 开户行及账号：交行南昌市分行营业部 150220 621930 0950523			密码区	>>12675*+4592576669352*920245 5>1/<863>*19-- *4<>446012324>475310/521++54/ *49>3-98<>><>		
货物或应税劳务名称	规格型号	单位	数量	单价	金额	税率	税额
不锈钢丝	Φ2.0	吨	17.205	5,950.00	102,369.75	17%	17,402.86
不锈钢丝	Φ2.5	吨	19.367	5,830.00	112,909.61	17%	19,194.63
不锈钢丝	Φ3.0	吨	7.928	5,750.00	45,586.00	17%	7,749.62
不锈钢丝	Φ3.5	吨	7.065	5,650.00	39,917.25	17%	6,785.93
合计					￥300,782.61		￥51,133.04
价税合计（大写）	※叁拾伍万壹仟玖佰壹拾伍元陆角伍分				（小写）￥351,915.65		
销货单位	名称：江西至强金属物资有限公司 纳税人识别号：360108259169510 地址、电话：象山南路景田大厦1028号 87183209 开户行及账号：交行八一广场支行 36022052713200326 17			备注	江西至强金属物资有限公司 税号:360108259169510 发票专用章		

第三联：购货方记账凭证

收款人：高明飞　　复核：汪为明　　开票人：钟秀枝　　销货单位：（章）

图 4-102

江西增值税专用发票

4000101888　　　抵扣联　　　№ 2222563

开票日期：2013-12-8

购货单位	名称：南昌华问金属制品有限公司 纳税人识别号：360105820020920 地址、电话：高新大道98号华问大厦 电话0791-86663959 开户行及账号：交行南昌市分行营业部 150220 621930 0950523	密码区	>>12675*+4592576669352*920245 5>1/<863>*19-- *4<>446012324>475310/521++54/ *49>3-98<>><>

货物或应税劳务名称	规格型号	单位	数量	单价	金额	税率	税额
低碳钢盘条	Φ6	吨	10.130	4,496.85	45,553.07	17%	7,744.02
低碳钢盘条	Φ8	吨	9.350	4,358.25	40,749.64	17%	6,927.44
低碳钢盘条	Φ12	吨	9.330	4,169.95	38,905.63	17%	6,613.96
合计					￥ 125,208.34		￥ 21,285.42
价税合计（大写）	※壹拾肆万陆仟肆佰玖拾叁元柒角陆分				（小写）￥ 146,493.76		

销货单位	名称：南昌洪奇钢铁物资有限公司 纳税人识别号：360103250924815 地址、电话：南昌市贤士二路70号 86051281 开户行及账号：工行洪都支行150220 621930 0035261	备注	

收款人：尹贤平　　复核：周薇　　开票人：万卫国　　销货单位：（章）

第二联：购货方抵扣凭证

全国统一发票监制章 江西 咸特实业中心研制

南昌洪奇钢铁物资有限公司 税号:360103250924815 发票专用章

图 4-103

4000101888 **江西增值税专用发票** № 2222563

发票联

开票日期：2013-12-8

购货单位	名称：南昌华问金属制品有限公司 纳税人识别号：360105820020920 地址、电话：高新大道98号华问大厦 电话0791-86663959 开户行及账号：交行南昌市分行营业部 150220 621930 0950523			密码区	>>12675*+459257669352*920245 5>1/<863>*19-- *4<>446012324>475310/521++54/ *49>3-98<>><>		
货物或应税劳务名称	规格型号	单位	数量	单价	金额	税率	税额
低碳钢盘条	Φ6	吨	10.130	4,496.85	45,553.07	17%	7,744.02
低碳钢盘条	Φ8	吨	9.350	4,358.25	40,749.64	17%	6,927.44
低碳钢盘条	Φ12	吨	9.330	4,169.95	38,905.63	17%	6,613.96
合计					￥125,208.34		￥21,285.42
价税合计（大写）	※壹拾肆万陆仟肆佰玖拾叁元柒角陆分				（小写）￥146,493.76		
销货单位	名称：南昌洪奇钢铁物资有限公司 纳税人识别号：360103250924815 地址、电话：南昌市贤士二路70号 86051281 开户行及账号：工行洪都支行150220 621930 0035261			备注			

收款人：尹贤平 复核：周薇 开票人：万卫国 销货单位：（章）

第三联：购货方记账凭证

图 4-104

4000101888

上海增值税专用发票

№ 2219299

抵扣联

开票日期：2013-12-9

购货单位	名称：南昌华问金属制品有限公司 纳税人识别号：360105820020920 地址、电话：高新大道98号华问大厦 电话0791-86663959 开户行及账号：交行南昌市分行营业部 150220 621930 0950523				密码区	>>12675*+4592576669352*920245 5>1/<863>*19-- *4<>446012324>475310/521++54/ *49>3-98<>><>	
货物或应税劳务名称	规格型号	单位	数量	单价	金额	税率	税额
铝镁合金丝	Φ0.3	吨	61.990	6,572.30	407,416.82	17%	69,260.86
铝镁合金丝	Φ0.5	吨	47.750	6,231.00	297,530.25	17%	50,580.14
铝镁合金丝	Φ0.6	吨	51.010	6,142.70	313,339.13	17%	53,267.65
合计					￥1,018,286.20		￥173,108.65
价税合计（大写）	※壹佰壹拾玖万壹仟叁佰玖拾肆元捌角伍分				（小写）￥1,191,394.85		
销货单位	名称：上海华宝钢铁股份有限公司 纳税人识别号：310981621165188 地址、电话：宝山区宝杨路2号 021-60853396 开户行及账号：建设银行宝山支行 310C1560100050006685				备注		

第二联：购货方抵扣凭证

收款人：薛建华　　复核：钟显耀　　开票人：刘梓聪　　销货单位：（章）

印章：全国统一发票监制章 上海 威特实业中心研制；上海华宝钢铁股份有限公司 税号:310981621165188 发票专用章

图 4-105

4000101888

上海增值税专用发票

发票联

№ 2219299

开票日期：2013-12-9

购货单位	名称：南昌华问金属制品有限公司 纳税人识别号：360105820020920 地址、电话：高新大道98号华问大厦　电话0791-86663959 开户行及账号：交行南昌市分行营业部 150220 621930 0950523				密码区	>>12675*+4592576669352*920245 5>1/<863>*19-- *4<>446012324>475310/521++54/ *49>3-98<>><>		
货物或应税劳务名称	规格型号	单位	数量	单价	金额	税率	税额	
铝镁合金丝	Φ0.3	吨	61.990	6,572.30	407,416.82	17%	69,260.86	
铝镁合金丝	Φ0.5	吨	47.750	6,231.00	297,530.25	17%	50,580.14	
铝镁合金丝	Φ0.6	吨	51.010	6,142.70	313,339.13	17%	53,267.65	
合计					￥1,018,286.20		￥173,108.65	
价税合计（大写）	※壹佰壹拾玖万壹仟叁佰玖拾肆元捌角伍分				（小写）￥1,191,394.85			
销货单位	名称：上海华宝钢铁股份有限公司 纳税人识别号：310981621165188 地址、电话：宝山区宝杨路2号 021-60853396 开户行及账号：建设银行宝山支行 31001560100050006685				备注	上海华宝钢铁股份有限公司 税号:310981621165188 发票专用章		

第三联：购货方记账凭证

收款人：薛建华　　复核：钟显耀　　开票人：刘梓聪　　销货单位：（章）

图 4-106

4000101888

浙江增值税专用发票

抵扣联

№ 2222578

开票日期：2013-12-12

购货单位	名称：南昌华问金属制品有限公司 纳税人识别号：360105820020920 地址、电话：高新大道98号华问大厦　电话0791-86663959 开户行及账号：交行南昌市分行营业部 150220 621930 0950523	密码区	>>12675*+4592576669352*920245 5>1/<863>*19-- *4<>446012324>475310/521++54/ *49>3-98<>><>

货物或应税劳务名称	规格型号	单位	数量	单价	金额	税率	税额
低碳钢盘条	Φ6	吨	35.400	4,423.15	156,579.51	17%	26,618.52
低碳钢盘条	Φ8	吨	28.900	4,325.50	125,006.95	17%	21,251.18
低碳钢盘条	Φ12	吨	40.390	4,193.01	169,355.71	17%	28,790.47
合计					￥450,942.17		￥76,660.17
价税合计（大写）	※伍拾贰万柒仟陆佰零贰元叁角肆分				（小写）￥527,602.34		

销货单位	名称：杭州三本物资有限公司 纳税人识别号：330100790218492 地址、电话：杭州市江城路480号 75418283 开户行及账号：工行杭州分行高新支行 1202026219900059821	备注	

收款人：曾萍　　复核：赖周生　　开票人：刘梓聪　　销货单位：（章）

第二联：购货方抵扣凭证

图 4-107

4000101888

浙江增值税专用发票

发票联

№ 2222578

开票日期：　2013-12-12

购货单位	名　　称：南昌华问金属制品有限公司 纳税人识别号：360105820020920 地址、电话：高新大道98号华问大厦　电话0791-86663959 开户行及账号：交行南昌市分行营业部 150220 621930 0950523				密码区	>>12675*+4592576669352*920245 5>1/<863>*19-- *4<>446012324>475310/521++54/ *49>3-98<>><>		
货物或应税劳务名称		规格型号	单位	数量	单价	金额	税率	税额
低碳钢盘条		Φ6	吨	35.400	4,423.15	156,579.51	17%	26,618.52
低碳钢盘条		Φ8	吨	28.900	4,325.50	125,006.95	17%	21,251.18
低碳钢盘条		Φ12	吨	40.390	4,193.01	169,355.71	17%	28,790.47
合　　计						¥ 450,942.17		¥ 76,660.17
价税合计（大写）	※伍拾贰万柒仟陆佰零贰元叁角肆分					（小写）¥ 527,602.34		
销货单位	名　　称：杭州三本物资有限公司 纳税人识别号：330100790218492 地址、电话：杭州市江城路480号 75418283 开户行及账号：工行杭州分行高新支行 1202026219900059821				备注			

收款人：曾萍　　复核：赖周生　　开票人：刘梓聪　　销货单位：（章）

第三联：购货方记账凭证

图 4-108

4000101888　　**湖南增值税专用发票**　　№ 2219410

抵扣联

开票日期：　2013-12-12

购货单位		密码区	
名　　称：	南昌华问金属制品有限公司		>>12675*+4592576669352*920245 5>1/<863>*19-- *4<>446012324>475310/521++54/ *49>3-98<>><>
纳税人识别号：	360105820020920		
地址、电话：	高新大道98号华问大厦　电话0791-86663959		
开户行及账号：	交行南昌市分行营业部 150220 621930 0950523		

货物或应税劳务名称	规格型号	单位	数量	单价	金额	税率	税额
低碳钢盘条	Φ6	吨	99.990	4,491.70	449,125.08	17%	76,351.26
低碳钢盘条	Φ12	吨	87.340	4,125.30	360,303.70	17%	61251.63
合　　计					¥ 809,428.78		¥ 137,602.89
价税合计（大写）	※玖拾肆万柒仟零叁拾壹元陆角柒分				（小写）¥ 947,031.67		

销货单位		备注
名　　称：	湖南仲祥商贸有限公司	
纳税人识别号：	430121668579033	
地址、电话：	长沙市五一东路62号	
开户行及账号：	工商银行五一支行43516724673621342616	

第二联：购货方抵扣凭证

收款人：古桂彬　　复核：罗丽华　　开票人：张齐　　销货单位：（章）

湖南仲祥商贸有限公司 430121668579033 发票专用章

全国统一发票监制章 湖南 威特实业中心研制

图 4-109

4000101888

湖南增值税专用发票

发票联

№ 2219410

开票日期：2013-12-12

购货单位	名　　称：南昌华问金属制品有限公司 纳税人识别号：360105820020920 地址、电话：高新大道98号华问大厦　电话0791-86663959 开户行及账号：交行南昌市分行营业部 150220 621930 0950523			密码区	>>12675*+4592576669352*920245 5>1/<863>*19-- *4<>446012324>475310/521++54/ *49>3-98<>><>		
货物或应税劳务名称	规格型号	单位	数量	单价	金额	税率	税额
低碳钢盘条	Φ6	吨	99.990	4,491.70	449,125.08	17%	76,351.26
低碳钢盘条	Φ12	吨	87.340	4,125.30	360,303.70	17%	61251.63
合　　计					￥ 809,428.78		￥ 137,602.89
价税合计（大写）	※玖拾肆万柒仟零叁拾壹元陆角柒分				（小写）￥ 947,031.67		
销货单位	名　　称：湖南仲祥商贸有限公司 纳税人识别号：430121668579033 地址、电话：长沙市五一东路62号 开户行及账号：工商银行五一支行43516724673621342616			备注			

收款人：古桂彬　　复核：罗丽华　　开票人：张齐　　销货单位：（章）

第三联：购货方记账凭证

（印章：全国统一发票监制章 湖南 威特实业中心研制）

（印章：湖南仲祥商贸有限公司 430121668579033 发票专用章）

图 4-110

江西增值税专用发票

4000101888　　　　№ 2223564

抵扣联　　（印章：全国统一发票监制章 江西 威特实业中心研制）

开票日期：2013-12-12

购货单位	名　　称：南昌华问金属制品有限公司 纳税人识别号：360105820020920 地址、电话：高新大道98号华问大厦　电话0791-86663959 开户行及账号：交行南昌市分行营业部 150220 621930 0950523			密码区	>>12675*+4592576669352*920245 5>1/<863>*19-- *4<>446012324>475310/521++54/ *49>3-98<>><>		
货物或应税劳务名称	规格型号	单位	数　量	单　价	金　额	税率	税　额
不锈钢丝	Φ2.0	吨	23.080	5,948.00	137,279.84	17%	23,337.57
不锈钢丝	Φ2.5	吨	20.210	5,840.50	118,036.51	17%	20,066.21
不锈钢丝	Φ3.0	吨	19.280	5,725.50	110,387.64	17%	18,765.90
不锈钢丝	Φ3.5	吨	9.690	5,628.80	54,543.07	17%	9,272.32
不锈钢丝	Φ4.0	吨	9.690	5,528.80	53,574.07	17%	9,107.59
合　　计					¥ 473,821.13		¥ 80,549.59
价税合计（大写）	※伍拾伍万肆仟叁佰柒拾元柒角贰分				（小写）¥ 554,370.72		
销货单位	名　　称：南昌洪奇钢铁物资有限公司 纳税人识别号：360103250924815 地址、电话：南昌市贤士二路70号 86051281 开户行及账号：工行洪都支行150220 621930 0035261			备注			

第二联：购货方抵扣凭证

收款人：尹贤平　　复核：周薇　　开票人：万卫国　　销货单位：（章）

（印章：南昌洪奇钢铁物资有限公司 税号:360103250924815 发票专用章）

图 4-111

4000101888

江西增值税专用发票

№ 2223564

发票联

开票日期：　2013-12-12

购货单位	名　　称：南昌华问金属制品有限公司 纳税人识别号：360105820020920 地址、电话：高新大道98号华问大厦　电话0791-86663959 开户行及账号：交行南昌市分行营业部 150220 621930 0950523	密码区	>>12675*+4592576669352*920245 5>1/<863>*19-- *4<>446012324>475310/521++54/ *49>3-98<>><>

货物或应税劳务名称	规格型号	单位	数　量	单　价	金　额	税率	税　额
不锈钢丝	Φ2.0	吨	23.080	5,948.00	137,279.84	17%	23,337.57
不锈钢丝	Φ2.5	吨	20.210	5,840.50	118,036.51	17%	20,066.21
不锈钢丝	Φ3.0	吨	19.280	5,725.50	110,387.64	17%	18,765.90
不锈钢丝	Φ3.5	吨	9.690	5,628.80	54,543.07	17%	9,272.32
不锈钢丝	Φ4.0	吨	9.690	5,528.80	53,574.07	17%	9,107.59
合　　计					¥ 473,821.13		¥ 80,549.59
价税合计（大写）	※伍拾伍万肆仟叁佰柒拾元柒角贰分				（小写）¥ 554,370.72		

销货单位	名　　称：南昌洪奇钢铁物资有限公司 纳税人识别号：360103250924815 地址、电话：南昌市贤士二路70号 86051281 开户行及账号：工行洪都支行150220 621930 0035261	备注	

收款人：尹贤平　　复核：周薇　　开票人：万卫国　　销货单位：（章）

第三联：购货方记账凭证

图 4-112

4000101888

江西增值税专用发票

№ 2223817

抵扣联

开票日期： 2013-12-17

购货单位	名　　称：南昌华问金属制品有限公司 纳税人识别号：360105820020920 地址、电话：高新大道98号华问大厦　电话0791-86663959 开户行及账号：交行南昌市分行营业部 150220 621930 0950523				密码区	>>12675*+4592576669352*920245 5>1/<863>*19-- *4<>446012324>475310/521++54/ *49>3-98<>><>	
货物或应税劳务名称	**规格型号**	**单位**	**数量**	**单价**	**金额**	**税率**	**税额**
铝镁合金丝	Φ0.1	吨	9.780	6,801.20	66,515.74	17%	11,307.68
铝镁合金丝	Φ0.2	吨	9.890	6,601.20	65,285.87	17%	11,098.60
铝镁合金丝	Φ0.3	吨	9.490	6,548.00	62,140.52	17%	10,563.89
铝镁合金丝	Φ0.6	吨	5.400	6,139.05	33,150.87	17%	5,635.65
合　计					￥227,093.00		￥38,605.82
价税合计（大写）	※贰拾陆万伍仟陆佰玖拾捌元捌角贰分				（小写）￥265,698.82		
销货单位	名　　称：南昌国盛物资有限公司 纳税人识别号：360102864816247 地址、电话：南京西路552号 85936718 开户行及账号：建行南京西路营业部3600165267216731688				备注		

第二联：购货方抵扣凭证

收款人：蒙洁珍　　复核：赖莉香　　开票人：施艳丽　　销货单位：（章）

图 4-113

4000101888

江西增值税专用发票

发票联

№ 2223817

开票日期：2013-12-17

购货单位	名称：南昌华问金属制品有限公司 纳税人识别号：360105820020920 地址、电话：高新大道98号华问大厦 电话0791-86663959 开户行及账号：交行南昌市分行营业部 150220 621930 0950523	密码区	>>12675*+4592576669352*920245 5>1/<863>*19-- *4<>446012324>475310/521++54/ *49>3-98<>><>

货物或应税劳务名称	规格型号	单位	数量	单价	金额	税率	税额
铝镁合金丝	Φ0.1	吨	9.780	6,801.20	66,515.74	17%	11,307.68
铝镁合金丝	Φ0.2	吨	9.890	6,601.20	65,285.87	17%	11,098.60
铝镁合金丝	Φ0.3	吨	9.490	6,548.00	62,140.52	17%	10,563.89
铝镁合金丝	Φ0.6	吨	5.400	6,139.05	33,150.87	17%	5,635.65
合计					￥227,093.00		￥38,605.82
价税合计（大写）	※贰拾陆万伍仟陆佰玖拾捌元捌角贰分				（小写）￥265,698.82		

销货单位	名称：南昌国盛物资有限公司 纳税人识别号：360102864816247 地址、电话：南京西路552号 85936718 开户行及账号：建行南京西路营业部3600165267216731688	备注	

收款人：蒙洁珍　复核：赖莉香　开票人：施艳丽　销货单位：（章）

第三联：购货方记账凭证

图 4-114

4000101888　　**江西增值税专用发票**　　№ 3085529

抵扣联

开票日期：2013-12-19

购货单位	名　　称：南昌华问金属制品有限公司 纳税人识别号：360105820020920 地址、电话：高新大道98号华问大厦　电话0791-86663959 开户行及账号：交行南昌市分行营业部 150220 621930 0950523			密码区	>>12675*+4592576669352*920245 5>1/<863>*19-- *4<>446012324>475310/521++54/ *49>3-98<>><>		
货物或应税劳务名称	规格型号	单位	数量	单价	金额	税率	税额
不锈钢丝	Φ2.5	吨	8.870	5,850.00	51,889.50	17%	8,821.22
不锈钢丝	Φ3.0	吨	4.260	5,780.00	24,622.80	17%	4,185.88
不锈钢丝	Φ3.5	吨	8.384	5,650.00	47,369.60	17%	8,052.83
不锈钢丝	Φ4.0	吨	17.152	11,130.00	95,469.15	17%	16,229.75
合　计					￥219,351.05		￥37,289.68
价税合计（大写）	※贰拾伍万陆仟陆佰肆拾元柒角叁分				（小写）￥256,640.73		
销货单位	名　　称：江西至强金属物资有限公司 纳税人识别号：360108259169510 地址、电话：象山南路景田大厦1028号 87183209 开户行及账号：交行八一广场支行 3602205271320032617			备注			

第二联：购货方抵扣凭证

收款人：高明飞　　复核：汪为明　　开票人：钟秀枝　　销货单位：（章）

图 4-115

4000101888

江西增值税专用发票

发票联

№ 3085529

开票日期：2013-12-19

购货单位	名　　称：南昌华问金属制品有限公司 纳税人识别号：360105820020920 地址、电话：高新大道98号华问大厦　电话0791-86663959 开户行及账号：交行南昌市分行营业部 150220 621930 0950523	密码区	>>12675*+4592576669352*920245 5>1/<863>*19-- *4<>446012324>475310/521++54/ *49>3-98<>><>

货物或应税劳务名称	规格型号	单位	数量	单价	金额	税率	税额
不锈钢丝	Φ2.5	吨	8.870	5,850.00	51,889.50	17%	8,821.22
不锈钢丝	Φ3.0	吨	4.260	5,780.00	24,622.80	17%	4,185.88
不锈钢丝	Φ3.5	吨	8.384	5,650.00	47,369.60	17%	8,052.83
不锈钢丝	Φ4.0	吨	17.152	11,130.00	95,469.15	17%	16,229.75
合　　计					￥219,351.05		￥37,289.68
价税合计（大写）	※贰拾伍万陆仟陆佰肆拾元柒角叁分				（小写）￥256,640.73		

销货单位	名　　称：江西至强金属物资有限公司 纳税人识别号：360108259169510 地址、电话：象山南路景田大厦1028号 87183209 开户行及账号：交行八一广场支行 36022052713200326l7	备注	江西至强金属物资有限公司 税号:360108259169510 发票专用章

收款人：高明飞　　复核：汪为明　　开票人：钟秀枝　　销货单位：（章）

第三联：购货方记账凭证

图 4-116

4000101888

上海增值税专用发票

全国统一发票监制章 上海 成特实验中心研制

抵扣联

№ 2224478

开票日期：　2013-12-20

购货单位	名　　称：南昌华问金属制品有限公司 纳税人识别号：　360105820020920 地址、电话：高新大道98号华问大厦　电话0791-86663959 开户行及账号：交行南昌市分行营业部 150220 621930 0950523	密码区	>>12675*+4592576669352*920245 5>1/<863>*19-- *4<>446012324>475310/521++54/ *49>3-98<>><>

货物或应税劳务名称	规格型号	单位	数量	单价	金额	税率	税额
铝镁合金丝	Φ0.3	吨	11.820	6,519.85	77,064.63	17%	13,100.99
铝镁合金丝	Φ0.4	吨	10.150	6,331.00	64,259.65	17%	10,924.14
铝镁合金丝	Φ0.5	吨	10.720	6,277.25	67,292.12	17%	11,439.66
合　　计					¥ 208,616.40		¥ 35,464.79
价税合计（大写）	※贰拾肆万肆仟零捌拾壹元壹角玖分				（小写）¥ 244,081.19		

销货单位	名　　称：上海成森贸易有限公司 纳税人识别号：　310107982235534 地址、电话：北京西路26号021-86034785 开户行及账号：工商银行北京西路支行 3100265010005000668	备注	上海成森贸易有限公司 税号：310107982235534 发票专用章

第二联：购货方抵扣凭证

收款人：张金玉　　复核：赖莉香　　开票人：刘君　　销货单位：（章）

图 4-117

4000101888 **上海增值税专用发票** № 2224478

发票联

开票日期：2013-12-20

购货单位	名　　称：南昌华问金属制品有限公司 纳税人识别号：360105820020920 地址、电话：高新大道98号华问大厦 电话0791-86663959 开户行及账号：交行南昌市分行营业部 150220 621930 0950523			密码区	>>12675*+4592576669352*920245 5>1/<863>*19-- *4<>446012324>475310/521++54/ *49>3-98<>><>		
货物或应税劳务名称	规格型号	单位	数量	单价	金额	税率	税额
铝镁合金丝	Φ0.3	吨	11.820	6,519.85	77,064.63	17%	13,100.99
铝镁合金丝	Φ0.4	吨	10.150	6,331.00	64,259.65	17%	10,924.14
铝镁合金丝	Φ0.5	吨	10.720	6,277.25	67,292.12	17%	11,439.66
合　计					￥208,616.40		￥35,464.79
价税合计（大写）	※贰拾肆万肆仟零捌拾壹元壹角玖分				（小写）￥244,081.19		
销货单位	名　　称：上海成森贸易有限公司 纳税人识别号：310107982235534 地址、电话：北京西路26号021-86034785 开户行及账号：工商银行北京西路支行 3100265010005000668			备注			

收款人：张金玉　　复核：赖莉香　　开票人：刘君　　销货单位：（章）

第三联：购货方记账凭证

图 4-118

4000101888

上海增值税专用发票

抵扣联

№ 2224498

开票日期：2013-12-22

购货单位	名　　称：南昌华问金属制品有限公司 纳税人识别号：360105820020920 地址、电话：高新大道98号华问大厦　电话0791-86663959 开户行及账号：交行南昌市分行营业部 150220 621930 0950523				密码区	>>12675*+459257669352*920245 5>1/<863>*19-- *4<>446012324>475310/521++54/ *49>3-98<>><>	
货物或应税劳务名称	规格型号	单位	数量	单价	金额	税率	税额
铝镁合金丝	Φ0.2	吨	221.710	6,649.65	1,474,293.90	17%	250,629.96
铝镁合金丝	Φ0.3	吨	49.510	6,536.51	323,622.51	17%	55,015.83
铝镁合金丝	Φ0.6	吨	64.190	6,149.65	394,746.03	17%	67,106.83
合　计					￥ 2,192,662.44		￥ 372,752.62
价税合计（大写）	※贰佰伍拾陆万伍仟肆佰壹拾伍元零陆分				（小写）￥ 2,565,415.06		
销货单位	名　　称：上海华宝钢铁股份有限公司 纳税人识别号：310981621165188 地址、电话：宝山区宝杨路2号 021-60853396 开户行及账号：建设银行宝山支行 31001560100050006685				备注	上海华宝钢铁股份有限公司 税号:310981621165188 发票专用章	

第二联：购货方抵扣凭证

收款人：薛建华　　复核：钟显耀　　开票人：刘梓聪　　销货单位：（章）

图 4-119

4000101888

上海增值税专用发票

№ 2224498

发票联

开票日期：2013-12-22

购货单位	名称：南昌华问金属制品有限公司 纳税人识别号：360105820020920 地址、电话：高新大道98号华问大厦 电话0791-86663959 开户行及账号：交行南昌市分行营业部 150220 621930 0950523				密码区	>>12675*+459257669352*920245 5>1/<863>*19-- *4<>446012324>475310/521++54/ *49>3-98<>><>		
货物或应税劳务名称		规格型号	单位	数量	单价	金额	税率	税额
铝镁合金丝		Φ0.2	吨	221.710	6,649.65	1,474,293.90	17%	250,629.96
铝镁合金丝		Φ0.3	吨	49.510	6,536.51	323,622.51	17%	55,015.83
铝镁合金丝		Φ0.6	吨	64.190	6,149.65	394,746.03	17%	67,106.83
合计						¥ 2,192,662.44		¥ 372,752.62
价税合计（大写）		※贰佰伍拾陆万伍仟肆佰壹拾伍元零陆分				（小写）¥ 2,565,415.06		
销货单位	名称：上海华宝钢铁股份有限公司 纳税人识别号：310981621165188 地址、电话：宝山区宝杨路2号 021-60853396 开户行及账号：建设银行宝山支行 310C1560100050006685				备注	上海华宝钢铁股份有限公司 税号:310981621165188 发票专用章		

第三联：购货方记账凭证

收款人：薛建华 复核：钟显耀 开票人：刘梓聪 销货单位：（章）

图 4-120

4000101888

江西增值税专用发票

抵扣联

№ 2219601

开票日期： 2013-12-24

购货单位	名称：南昌华问金属制品有限公司 纳税人识别号： 360105820020920 地址、电话：高新大道98号华问大厦 电话0791-86663959 开户行及账号：交行南昌市分行营业部 150220 621930 0950523	密码区	>>12675*+4592576669352*920245 5>1/<863>*19-- *4<>446012324>475310/521++54/ *49>3-98<>><>

货物或应税劳务名称	规格型号	单位	数量	单价	金额	税率	税额
铝镁合金丝	Φ0.1	吨	9.340	6,842.70	63,910.82	17%	10,864.84
铝镁合金丝	Φ0.2	吨	5.210	6,649.65	34,644.68	17%	5,889.60
铝镁合金丝	Φ0.3	吨	9.550	6,531.00	62,371.05	17%	10,603.08
铝镁合金丝	Φ0.6	吨	9.880	6,101.20	60,279.86	17%	10,247.58
合计					￥ 221,206.41		￥ 37,605.10
价税合计（大写）	※贰拾伍万捌仟捌佰壹拾壹元伍角壹分				（小写）￥ 258,811.51		

销货单位	名称：南昌国盛物资有限公司 纳税人识别号： 360102864816247 地址、电话：南京西路552号 85936718 开户行及账号：建行南京西路营业部360016526721673168 8	备注	南昌国盛物资有限公司 税号:360102864816247 发票专用章

第二联：购货方抵扣凭证

收款人：蒙洁珍　　复核：赖莉香　　开票人：施艳丽　　销货单位：（章）

图 4-121

4000101888

江西增值税专用发票

发票联

№ 2219601

开票日期： 2013-12-24

购货单位	名　　称：南昌华问金属制品有限公司 纳税人识别号：360105820020920 地址、电话：高新大道98号华问大厦　电话0791-86663959 开户行及账号：交行南昌市分行营业部 150220 621930 0950523	密码区	>>12675*+4592576669352*920245 5>1/<863>*19-- *4<>446012324>475310/521++54/ *49>3-98<>><>				
货物或应税劳务名称	规格型号	单位	数量	单价	金额	税率	税额
铝镁合金丝	Φ0.1	吨	9.340	6,842.70	63,910.82	17%	10,864.84
铝镁合金丝	Φ0.2	吨	5.210	6,649.65	34,644.68	17%	5,889.60
铝镁合金丝	Φ0.3	吨	9.550	6,531.00	62,371.05	17%	10,603.08
铝镁合金丝	Φ0.6	吨	9.880	6,101.20	60,279.86	17%	10,247.58
合　计					￥ 221,206.41		￥ 37,605.10
价税合计（大写）	※贰拾伍万捌仟捌佰壹拾壹元伍角壹分				（小写）￥ 258,811.51		
销货单位	名　　称：南昌国盛物资有限公司 纳税人识别号：360102864816247 地址、电话：南京西路552号 85936718 开户行及账号：建行南京西路营业部3600165267216731688	备注					

第三联：购货方记账凭证

收款人：蒙洁珍　　复核：赖莉香　　开票人：施艳丽　　销货单位：（章）

南昌国盛物资有限公司 税号:360102864816247 发票专用章

图 4-122

4000101888

安徽增值税专用发票

№ 2223819

抵 扣 联

开票日期：2013-12-24

购货单位	名　　称：南昌华问金属制品有限公司 纳税人识别号：360105820020920 地址、电话：高新大道98号华问大厦　电话0791-86663959 开户行及账号：交行南昌市分行营业部 150220 621930 0950523	密码区	>>12675*+4592576669352*920245 5>1/<863>*19-- *4<>446012324>475310/521++54/ *49>3-98<>><>

货物或应税劳务名称	规格型号	单位	数量	单价	金额	税率	税额
铝镁合金丝	Φ0.3	吨	23.090	6,548.00	151,193.32	17%	25,702.86
铝镁合金丝	Φ0.5	吨	23.490	6,219.85	146,104.28	17%	24,837.73
铝镁合金丝	Φ0.6	吨	47.590	6,101.20	290,356.11	17%	49,360.54
合计					￥587,653.71		￥99,901.13
价税合计（大写）	※陆拾捌万柒仟伍佰伍拾肆元捌角肆分				（小写）￥687,554.84		

销货单位	名　　称：合肥昌达贸易有限公司 纳税人识别号：340103516548429 地址、电话：合肥市庐江路66号 38091812 开户行及账号：交行许昌支行 41500910101801008804	备注	

收款人：敖文文　　复核：徐丹　　开票人：曾芸　　销货单位：（章）

第二联：购货方抵扣凭证

图 4-123

4000101888　　**安徽增值税专用发票**　　№ 2223819

发　票　联

开票日期：2013-12-24

购货单位	名　　称：南昌华问金属制品有限公司 纳税人识别号：360105820020920 地址、电话：高新大道98号华问大厦　电话0791-86663959 开户行及账号：交行南昌市分行营业部 150220 621930 0950523	密码区	>>12675*+4592576669352*920245 5>1/<863>*19-- *4<>446012324>475310/521++54/ *49>3-98<>><>

货物或应税劳务名称	规格型号	单位	数量	单价	金额	税率	税额
铝镁合金丝	Φ0.3	吨	23.090	6,548.00	151,193.32	17%	25,702.86
铝镁合金丝	Φ0.5	吨	23.490	6,219.85	146,104.28	17%	24,837.73
铝镁合金丝	Φ0.6	吨	47.590	6,101.20	290,356.11	17%	49,360.54
合　计					¥ 587,653.71		¥ 99,901.13
价税合计（大写）	※陆拾捌万柒仟伍佰伍拾肆元捌角肆分				（小写）¥ 687,554.84		

销货单位	名　　称：合肥昌达贸易有限公司 纳税人识别号：340103516548429 地址、电话：合肥市庐江路66号 38091812 开户行及账号：交行许昌支行 41500910101801008804	备注	合肥昌达贸易有限公司 340103516548429 发票专用章

收款人：敖文文　　复核：徐丹　　开票人：曾芸　　销货单位：（章）

第三联：购货方记账凭证

图 4-124

4000101888

河南增值税专用发票

№ 3046327

抵扣联

开票日期：2013-12-25

购货单位	名　　称：南昌华问金属制品有限公司 纳税人识别号：360105820020920 地址、电话：高新大道98号华问大厦　电话0791-86663959 开户行及账号：交行南昌市分行营业部 150220 621930 0950523	密码区：>>12675*+4592576669352*920245 5>1/<863>*19-- *4<>446012324>475310/521++54/ *49>3-98<>><>

货物或应税劳务名称	规格型号	单位	数量	单价	金额	税率	税额
油漆	红色	公升	1,200.000	39.00	46,800.00	17%	7,956.00
合计					￥46,800.00		￥7,956.00
价税合计（大写）	※伍万肆仟柒佰伍拾陆元整				（小写）￥54,756.00		

销货单位	名　　称：河南和盛化工有限公司 纳税人识别号：410103515549451 地址、电话：郑州市文化路68号 0371-69327804 开户行及账号：工行市分行营业部4102505327327426721	备注

收款人：邓燕　　复核：郑康　　开票人：郑婷　　销货单位：（章）

第二联：购货方抵扣凭证

（印章：全国统一发票监制章 河南 威特实业中心研制）
（印章：河南和盛化工有限公司 税号:410103515549451 发票专用章）

图 4-125

4000101888

河南增值税专用发票

发票联

№ 3046327

开票日期：2013-12-25

购货单位	名称：南昌华问金属制品有限公司 纳税人识别号：360105820020920 地址、电话：高新大道98号华问大厦 电话0791-86663959 开户行及账号：交行南昌市分行营业部 150220 621930 0950523	密码区	>>12675*+4592576669352*920245 5>1/<863>*19-- *4<>446012324>475310/521++54/ *49>3-98<>><>

货物或应税劳务名称	规格型号	单位	数量	单价	金额	税率	税额
油漆	红色	公升	1,200.000	39.00	46,800.00	17%	7,956.00
合计					￥46,800.00		￥7,956.00
价税合计（大写）	※伍万肆仟柒佰伍拾陆元整				（小写）￥54,756.00		

销货单位	名称：河南和盛化工有限公司 纳税人识别号：410103515549451 地址、电话：郑州市文化路68号 0371-69327804 开户行及账号：工行市分行营业部4102505327327426721	备注	河南和盛化工有限公司 税号:410103515549451 发票专用章

第三联：购货方记账凭证

收款人：邓燕 复核：郑康 开票人：邓婷 销货单位：（章）

图 4-126

4000101888

浙江增值税专用发票

№ 2224128

抵扣联

开票日期：2013-12-26

购货单位	名称：南昌华问金属制品有限公司 纳税人识别号：360105820020920 地址、电话：高新大道98号华问大厦　电话0791-86663959 开户行及账号：交行南昌市分行营业部 150220 621930 0950523			密码区	>>12675*+4592576669352*920245 5>1/<863>*19-- *4<>446012324>475310/521++54/ *49>3-98<>><>			
货物或应税劳务名称	规格型号	单位	数量	单价	金额	税率	税额	
低碳钢盘条	Φ8	吨	20.980	4,325.17	90,742.09	17%	15,426.16	
低碳钢盘条	Φ12	吨	43.130	4,169.95	179,849.94	17%	30,574.49	
合计					￥270,592.03		￥46,000.65	
价税合计（大写）	※叁拾壹万陆仟伍佰玖拾贰元陆角捌分				（小写）￥316,592.68			
销货单位	名称：杭州三本物资有限公司 纳税人识别号：330100790218492 地址、电话：杭州市江城路480号 75418283 开户行及账号：工行杭州分行高新支行 1202026219900059821			备注				

第二联：购货方抵扣凭证

收款人：曾萍　　复核：赖周生　　开票人：刘梓聪　　销货单位：（章）

图 4-127

4000101888

浙江增值税专用发票

发票联

№ 2224128

开票日期：2013-12-26

购货单位	名称：南昌华问金属制品有限公司 纳税人识别号：360105820020920 地址、电话：高新大道98号华问大厦 电话0791-86663959 开户行及账号：交行南昌市分行营业部 150220 621930 0950523			密码区	>>12675*+4592576669352*920245 5>1/<863>*19-- *4<>446012324>475310/521++54/ *49>3-98<>><>		
货物或应税劳务名称	规格型号	单位	数量	单价	金额	税率	税额
低碳钢盘条	Φ8	吨	20.980	4,325.17	90,742.09	17%	15,426.16
低碳钢盘条	Φ12	吨	43.130	4,169.95	179,849.94	17%	30,574.49
合计					￥270,592.03		￥46,000.65
价税合计（大写）	※叁拾壹万陆仟伍佰玖拾贰元陆角捌分				（小写）￥316,592.68		
销货单位	名称：杭州三本物资有限公司 纳税人识别号：330100790218492 地址、电话：杭州市江城路480号 75418283 开户行及账号：工行杭州分行高新支行 1202026219900059821			备注			

第三联：购货方记账凭证

收款人：曾萍　复核：赖周生　开票人：刘梓聪　销货单位：（章）

图 4-128

4000101888

安徽增值税专用发票

抵扣联

№ 2224130

开票日期： 2013-12-28

购货单位	名　　称：南昌华问金属制品有限公司 纳税人识别号： 360105820020920 地址、电话：高新大道98号华问大厦　电话0791-86663959 开户行及账号：交行南昌市分行营业部 150220 621930 0950523	密码区	>>12675*+4592576669352*920245 5>1/<863>*19-- *4<>446012324>475310/521++54/ *49>3-98<>><>

货物或应税劳务名称	规格型号	单位	数量	单价	金额	税率	税额
铝镁合金丝	Φ0.1	吨	30.880	6,810.78	210,316.98	17%	35,753.89
铝镁合金丝	Φ0.2	吨	28.790	6,642.70	191,243.33	17%	32,511.37
铝镁合金丝	Φ0.4	吨	28.500	6,342.70	180,766.95	17%	30,730.38
铝镁合金丝	Φ0.5	吨	38.900	6,245.34	242,943.84	17%	41,300.45
合　　计					￥ 825,271.10		￥ 140,296.09
价税合计（大写）	※玖拾陆万伍仟伍佰陆拾柒元壹角玖分				（小写）￥ 965,567.19		

销货单位	名　　称：合肥源丰钢铁物资有限公司 纳税人识别号： 340108216511168 地址、电话：淮河路303号邮电大厦 0551-3662744 开户行及账号：建设银行马鞍山路支行 6227001638030230091	备注	

收款人：胡莹　　复核：聂思易　　开票人：全晓晓　　销货单位：（章）

第二联：购货方抵扣凭证

图 4-129

4000101888

安徽增值税专用发票

发票联

№ 2224130

开票日期：2013-12-28

购货单位	名　　称：南昌华问金属制品有限公司 纳税人识别号：360105820020920 地址、电话：高新大道98号华问大厦　电话0791-86663959 开户行及账号：交行南昌市分行营业部 150220 621930 0950523				密码区	>>12675*+4592576669352*920245 5>1/<863>*19-- *4<>446012324>475310/521++54/ *49>3-98<>><>		
货物或应税劳务名称		规格型号	单位	数量	单价	金额	税率	税额
铝镁合金丝		Φ0.1	吨	30.880	6,810.78	210,316.98	17%	35,753.89
铝镁合金丝		Φ0.2	吨	28.790	6,642.70	191,243.33	17%	32,511.37
铝镁合金丝		Φ0.4	吨	28.500	6,342.70	180,766.95	17%	30,730.38
铝镁合金丝		Φ0.5	吨	38.900	6,245.34	242,943.84	17%	41,300.45
合　　计						￥825,271.10		￥140,296.09
价税合计（大写）		※玖拾陆万伍仟伍佰陆拾柒元壹角玖分				（小写）￥965,567.19		
销货单位	名　　称：合肥源丰钢铁物资有限公司 纳税人识别号：340108216511168 地址、电话：淮河路303号邮电大厦 0551-3662744 开户行及账号：建设银行马鞍山路支行 62270016380302300891				备注	合肥源丰钢铁物资有限公司　税号340108216511168　发票专用章		

第三联：购货方记账凭证

收款人：胡莹　　复核：聂思易　　开票人：全晓晓　　销货单位：（章）

图 4-130

4000101888

上海增值税专用发票

抵扣联

№ 4098749

开票日期：2013-12-29

购货单位	名称：南昌华问金属制品有限公司 纳税人识别号：360105820020920 地址、电话：高新大道98号华问大厦 电话0791-86663959 开户行及账号：交行南昌市分行营业部 150220 621930 0950523				密码区	>>12675*+4592576669352*920245 5>1/<863>*19-- *4<>446012324>475310/521++54/ *49>3-98<>><>		
货物或应税劳务名称	规格型号	单位	数量	单价	金额	税率	税额	
铝镁合金丝	Φ0.2	吨	52.060	6,619.30	344,600.76	17%	58,582.13	
铝镁合金丝	Φ0.3	吨	58.710	6,501.20	381,685.45	17%	64,886.53	
铝镁合金丝	Φ0.4	吨	57.580	6,385.73	367,690.51	17%	62,507.39	
合计					￥1,093,976.72		￥185,976.05	
价税合计（大写）	※壹佰贰拾柒万玖仟玖佰伍拾贰元柒角柒分				（小写）￥1,279,952.77			
销货单位	名称：上海华宝钢铁股份有限公司 纳税人识别号：310981621165188 地址、电话：宝山区宝杨路2号 021-60853396 开户行及账号：建设银行宝山支行 31001560100050006685				备注			

第二联：购货方抵扣凭证

收款人：薛建华　复核：钟显耀　开票人：刘梓聪　销货单位：（章）

图 4-131

4000101888

上海增值税专用发票

发票联

№ 4098749

开票日期：2013-12-29

购货单位	名　　称：南昌华问金属制品有限公司 纳税人识别号：360105820020920 地址、电话：高新大道98号华问大厦　电话0791-86663959 开户行及账号：交行南昌市分行营业部 150220 621930 0950523			密码区	>>12675*+4592576669352*920245 5>1/<863>*19-- *4<>446012324>475310/521++54/ *49>3-98<>><>		
货物或应税劳务名称	规格型号	单位	数量	单价	金额	税率	税额
铝镁合金丝	Φ0.2	吨	52.060	6,619.30	344,600.76	17%	58,582.13
铝镁合金丝	Φ0.3	吨	58.710	6,501.20	381,685.45	17%	64,886.53
铝镁合金丝	Φ0.4	吨	57.580	6,385.73	367,690.51	17%	62,507.39
合　　计					￥ 1,093,976.72		￥ 185,976.05
价税合计（大写）	※壹佰贰拾柒万玖仟玖佰伍拾贰元柒角柒分				（小写）￥ 1,279,952.77		
销货单位	名　　称：上海华宝钢铁股份有限公司 纳税人识别号：310981621165188 地址、电话：宝山区宝杨路2号 021-60853396 开户行及账号：建设银行宝山支行 31001560100050006685			备注			

第三联：购货方记账凭证

收款人：薛建华　　复核：钟显耀　　开票人：刘梓聪　　销货单位：（章）

印章：全国统一发票监制章 上海 威特实业中心研制

印章：上海华宝钢铁股份有限公司 税号:310981621165188 发票专用章

图 4-132

華問 HUAWEN 南昌华问金属制品有限公司

领 料 单

领料单号：13125001　　日期：2013-12-1　　领用部门：烤漆车间

材料用途	编码	材料名称	型号规格	单位	数 量	单价	金 额
生产领用	201004	铝镁合金丝	Φ0.4	吨	56.706		
生产领用	201005	铝镁合金丝	Φ0.5	吨	93.711		
生产领用	204001	油漆	草绿色	公升	420		
生产领用	204001	油漆	草绿色	公升	680		
合 计							

记 账：　　复 核：郑学义　　仓库保管：马建贴　　领料人：叶璐

（印章：华问金属制品有限公司 收发专用章）

图 4-133

华問 HUAWEN 南昌华问金属制品有限公司

领 料 单

领料单号：13125002　　日期：2013-12-1　　领用部门：编网车间

材料用途	编码	材料名称	型号规格	单位	数 量	单价	金 额
生产领用	203002	不锈钢丝	Φ2.5	吨	77.924		
生产领用	203003	不锈钢丝	Φ3.0	吨	46.612		
合 计							

记 账：　　复 核：郑学义　　仓库保管：马建贴　　领料人：叶璐

（印章：华问金属制品有限公司 收发专用章）

图 4-134

華問 HUAWEN 南昌华问金属制品有限公司

领 料 单

领料单号：13125003　　日期：2013-12-1　　领用部门：拉丝车间

材料用途	编码	材料名称	型号规格	单位	数 量	单价	金 额
生产领用	202003	低碳钢盘条	Φ12	吨	110.700		
生产领用	205001	锌锭	0#	吨	5.535		
合 计							

记 账：　　复 核：郑学义　　仓库保管：马建贴　　领料人：叶璐

（印章：华问金属制品有限公司 收发专用章）

图 4-135

南昌华问金属制品有限公司

领料单

领料单号：13125004　　日期：2013-12-2　　领用部门：烤漆车间

材料用途	编码	材料名称	型号规格	单位	数量	单价	金额
生产领用	201006	铝镁合金丝	Φ0.6	吨	55.936		
生产领用	204002	油漆	墨绿色	公升	410		
合计							

记账：　　复核：郑学义　　仓库保管：马建贴　　领料人：叶璐

图 4-136

南昌华问金属制品有限公司

领料单

领料单号：13125005　　日期：2013-12-2　　领用部门：拉丝车间

材料用途	编码	材料名称	型号规格	单位	数量	单价	金额
生产领用	205001	锌锭	0#	吨	3.013		
生产领用	202002	低碳钢盘条	Φ8	吨	60.267		
合计							

记账：　　复核：郑学义　　仓库保管：马建贴　　领料人：叶璐

图 4-137

南昌华问金属制品有限公司

领料单

领料单号：13125006　　日期：2013-12-2　　领用部门：编网车间

材料用途	编码	材料名称	型号规格	单位	数量	单价	金额
生产领用	203004	不锈钢丝	Φ3.5	吨	124.864		
合计							

记账：　　复核：郑学义　　仓库保管：马建贴　　领料人：叶璐

图 4-138

南昌华问金属制品有限公司

领料单

领料单号：13125007　　日期：2013-12-10　　领用部门：烤漆车间

材料用途	编码	材料名称	型号规格	单位	数量	单价	金额
生产领用	201003	铝镁合金丝	Φ0.3	吨	101.828		
生产领用	204002	油漆	墨绿色	公升	750		
合计							

记账：　复核：郑学义　仓库保管：马建胜　领料人：叶璐

图 4-139

南昌华问金属制品有限公司

领料单

领料单号：13125008　　日期：2013-12-12　　领用部门：拉丝车间

材料用途	编码	材料名称	型号规格	单位	数量	单价	金额
生产领用	202001	低碳钢盘条	Φ6	吨	171.154		
生产领用	205001	锌锭	0#	吨	8.557		
合计							

记账：　复核：郑学义　仓库保管：马建胜　领料人：叶璐

图 4-140

南昌华问金属制品有限公司

领料单

领料单号：13125009　　日期：2013-12-12　　领用部门：编网车间

材料用途	编码	材料名称	型号规格	单位	数量	单价	金额
生产领用	203001	不锈钢丝	Φ2.0	吨	126.724		
生产领用	203005	不锈钢丝	Φ4.0	吨	133.387		
合计							

记账：　复核：郑学义　仓库保管：马建胜　领料人：叶璐

图 4-141

華問 HUAWEN 南昌华问金属制品有限公司

领料单

领料单号：13125010 日期：2013-12-14 领用部门：拉丝车间

材料用途	编码	材料名称	型号规格	单位	数量	单价	金额
生产领用	202003	低碳钢盘条	Φ12	吨	137.060		
生产领用	205001	锌锭	0#	吨	6.853		
合计							

华问金属制品有限公司专用发收章

记账： 复核：郑学义 仓库保管：马建胜 领料人：叶璐

图 4-142

華問 HUAWEN 南昌华问金属制品有限公司

领料单

领料单号：13125011 日期：2013-12-20 领用部门：编网车间

材料用途	编码	材料名称	型号规格	单位	数量	单价	金额
生产领用	203003	不锈钢丝	Φ3.0	吨	31.468		
合计							

华问金属制品有限公司专用发收章

记账： 复核：郑学义 仓库保管：马建胜 领料人：叶璐

图 4-143

華問 HUAWEN 南昌华问金属制品有限公司

领料单

领料单号：13125012 日期：2013-12-22 领用部门：烤漆车间

材料用途	编码	材料名称	型号规格	单位	数量	单价	金额
生产领用	201006	铝镁合金丝	Φ0.6	吨	120.600		
生产领用	204003	油漆	白色	公升	880		
合计							

华问金属制品有限公司专用发收章

记账： 复核：郑学义 仓库保管：马建胜 领料人：叶璐

图 4-144

南昌华问金属制品有限公司

领料单

领料单号：13125013　　日期：2013-12-23　　领用部门：烤漆车间

材料用途	编码	材料名称	型号规格	单位	数量	单价	金额
生产领用	201002	铝镁合金丝	Φ0.2	吨	276.081		
生产领用	201003	铝镁合金丝	Φ0.3	吨	70.820		
生产领用	204004	油漆	蓝色	公升	2000		
生产领用	204005	油漆	红色	公升	520		
合计							

记账：　　复核：郑学义　　仓库保管：马建贻　　领料人：叶璐

图 4-145

南昌华问金属制品有限公司

领料单

领料单号：13125014　　日期：2013-12-24　　领用部门：烤漆车间

材料用途	编码	材料名称	型号规格	单位	数量	单价	金额
生产领用	201005	铝镁合金丝	Φ0.5	吨	81.960		
生产领用	204005	油漆	红色	公升	600		
合计							

记账：　　复核：郑学义　　仓库保管：马建贻　　领料人：叶璐

图 4-146

南昌华问金属制品有限公司

领料单

领料单号：13125015　　日期：2013-12-28　　领用部门：烤漆车间

材料用途	编码	材料名称	型号规格	单位	数量	单价	金额
生产领用	201001	铝镁合金丝	Φ0.1	吨	60.718		
生产领用	204004	油漆	蓝色	公升	450		
合计							

记账：　　复核：郑学义　　仓库保管：马建贻　　领料人：叶璐

图 4-147

南昌华问金属制品有限公司

领料单

领料单号：13125016 日期：2013-12-30 领用部门：烤漆车间

材料用途	编码	材料名称	型号规格	单位	数量	单价	金额
生产领用	201002	铝镁合金丝	Φ0.2	吨	121.915		
生产领用	204003	铝镁合金丝	Φ0.3	吨	91.350		
生产领用	204005	油漆	红色	公升	890		
生产领用	204005	油漆	红色	公升	680		
合计							

记账： 复核：郑学义 仓库保管：马建胜 领料人：叶瑛

收发专用章 华问金属制品有限公司

图 4-148

南昌华问金属制品有限公司

产品入库单

入库单号：13122001 日期：2013-12-2 生产车间：烤漆车间

生产批次	编码	产品名称	型号规格	单位	数量	成本单价	金额
	101004	烤漆丝	Φ0.4/草绿色	吨	57.000		
合计					57.000		

记账： 复核：郑学义 仓库保管：刘三生 交货人：焦瑛

收发专用章 华问金属制品有限公司

图 4-149

南昌华问金属制品有限公司

产品入库单

入库单号：13122002 日期：2013-12-3 生产车间：烤漆车间

生产批次	编码	产品名称	型号规格	单位	数量	成本单价	金额
	101005	烤漆丝	Φ0.5/草绿色	吨	94.187		
合计					94.187		

记账： 复核：郑学义 仓库保管：刘三生 交货人：焦瑛

收发专用章 华问金属制品有限公司

图 4-150

華問 HUAWEN 南昌华问金属制品有限公司

产品入库单

入库单号：13122003 日期：2013-12-4 生产车间：烤漆车间

生产批次	编码	产品名称	型号规格	单位	数量	成本单价	金额
	101006	烤漆丝	Φ0.6/墨绿色	吨	56.223		
合计					56.223		

记账： 复核：郑学义 仓库保管：刘三生 交货人：熊琳

（印章：南昌华问金属制品有限公司 收发专用章）

图 4-151

華問 HUAWEN 南昌华问金属制品有限公司

产品入库单

入库单号：13122004 日期：2013-12-4 生产车间：拉丝车间

生产批次	编码	产品名称	型号规格	单位	数量	成本单价	金额
	102003	镀锌丝	Φ2.7	吨	114.575		
合计					114.575		

记账： 复核：郑学义 仓库保管：刘三生 交货人：熊琳

（印章：南昌华问金属制品有限公司 收发专用章）

图 4-152

華問 HUAWEN 南昌华问金属制品有限公司

产品入库单

入库单号：13122005 日期：2013-12-5 生产车间：拉丝车间

生产批次	编码	产品名称	型号规格	单位	数量	成本单价	金额
	102002	镀锌丝	Φ2.5	吨	62.376		
合计					62.376		

记账： 复核：郑学义 仓库保管：刘三生 交货人：熊琳

（印章：南昌华问金属制品有限公司 收发专用章）

图 4-153

南昌华问金属制品有限公司

产品入库单

入库单号：13122006 日期：2013-12-5 生产车间：编网车间

生产批次	编码	产品名称	型号规格	单位	数 量	成本单价	金 额
	103002	六角网	Φ2.5/7×9	平方	67,002.580		
合 计					67,002.580		

记 账： 复 核：郑学义 仓库保管：刘三生 交货人：熊瑛

图 4-154

南昌华问金属制品有限公司

产品入库单

入库单号：13122007 日期：2013-12-7 生产车间：编网车间

生产批次	编码	产品名称	型号规格	单位	数 量	成本单价	金 额
	103003	六角网	Φ3.0/8×10	平方	39,434.856		
合 计					39,434.856		

记 账： 复 核：郑学义 仓库保管：刘三生 交货人：熊瑛

图 4-155

南昌华问金属制品有限公司

产品入库单

入库单号：13122008 日期：2013-12-11 生产车间：烤漆车间

生产批次	编码	产品名称	型号规格	单位	数 量	成本单价	金 额
	101003	烤漆丝	Φ0.3/墨绿色	吨	102.353		
合 计					102.353		

记 账： 复 核：郑学义 仓库保管：刘三生 交货人：熊瑛

图 4-156

南昌华问金属制品有限公司

产品入库单

入库单号：13122009　　日期：2013-12-12　　生产车间：编网车间

生产批次	编码	产品名称	型号规格	单位	数 量	成本单价	金 额
	103004	六角网	Φ3.5/9×11	平方	103,966.694		
合 计					103,966.694		

记账：　　复核：郑学义　　仓库保管：刘三生　　交货人：熊瑛

图 4-157

南昌华问金属制品有限公司

产品入库单

入库单号：13122010　　日期：2013-12-15　　生产车间：拉丝车间

生产批次	编码	产品名称	型号规格	单位	数 量	成本单价	金 额
	102001	镀锌丝	Φ2.2	吨	177.144		
合 计					177.144		

记账：　　复核：郑学义　　仓库保管：刘三生　　交货人：熊瑛

图 4-158

南昌华问金属制品有限公司

产品入库单

入库单号：13122011　　日期：2013-12-17　　生产车间：拉丝车间

生产批次	编码	产品名称	型号规格	单位	数 量	成本单价	金 额
	102003	镀锌丝	Φ2.7	吨	141.857		
合 计					141.857		

记账：　　复核：郑学义　　仓库保管：刘三生　　交货人：熊瑛

图 4-159

南昌华问金属制品有限公司

产品入库单

入库单号：13122012　　日期：2013-12-18　　生产车间：编网车间

生产批次	编码	产品名称	型号规格	单位	数量	成本单价	金额
	103001	六角网	Φ2.0/6×8	平方	109,528.090		
合计					109,528.090		

记账：　复核：郑学义　仓库保管：刘三生　交货人：熊瑛

图 4-160

南昌华问金属制品有限公司

产品入库单

入库单号：13122013　　日期：2013-12-20　　生产车间：编网车间

生产批次	编码	产品名称	型号规格	单位	数量	成本单价	金额
	103005	六角网	Φ4.0/10×12	平方	108,532.954		
合计					108,532.954		

记账：　复核：郑学义　仓库保管：刘三生　交货人：熊瑛

图 4-161

南昌华问金属制品有限公司

产品入库单

入库单号：13122014　　日期：2013-12-23　　生产车间：烤漆车间

生产批次	编码	产品名称	型号规格	单位	数量	成本单价	金额
	101006	烤漆丝	Φ0.6/白色	吨	121.216		
合计					121.216		

记账：　复核：郑学义　仓库保管：刘三生　交货人：熊瑛

图 4-162

華問 HUAWEN 南昌华问金属制品有限公司

产品入库单

入库单号：13122015　　日期：2013-12-24　　生产车间：烤漆车间

生产批次	编码	产品名称	型号规格	单位	数量	成本单价	金额
	101003	烤漆丝	Φ0.3/红色	吨	71.184		
合计					71.184		

记账：　　复核：郑学义　　仓库保管：刘三生　　交货人：熊瑛

图 4-163

華問 HUAWEN 南昌华问金属制品有限公司

产品入库单

入库单号：13122016　　日期：2013-12-24　　生产车间：编网车间

生产批次	编码	产品名称	型号规格	单位	数量	成本单价	金额
	103003	六角网	Φ3.0/8×10	平方	26,622.673		
合计					26,622.673		

记账：　　复核：郑学义　　仓库保管：刘三生　　交货人：熊瑛

图 4-164

華問 HUAWEN 南昌华问金属制品有限公司

产品入库单

入库单号：13122017　　日期：2013-12-25　　生产车间：烤漆车间

生产批次	编码	产品名称	型号规格	单位	数量	成本单价	金额
	101005	烤漆丝	Φ0.5/红色	吨	82.380		
合计					82.380		

记账：　　复核：郑学义　　仓库保管：刘三生　　交货人：熊瑛

图 4-165

華問 HUAWEN 南昌华问金属制品有限公司

产品入库单

入库单号：13122018　　日期：2013-12-26　　生产车间：烤漆车间

生产批次	编码	产品名称	型号规格	单位	数　量	成本单价	金　额
	101002	烤漆丝	Φ0.2/蓝色	吨	277.481		
合 计					277.481		

华问金属制品有限公司收发专用章

记　账：　　复　核：郑学义　　仓库保管：刘三生　　交货人：熊瑛

图 4-166

華問 HUAWEN 南昌华问金属制品有限公司

产品入库单

入库单号：13122019　　日期：2013-12-29　　生产车间：烤漆车间

生产批次	编码	产品名称	型号规格	单位	数　量	成本单价	金　额
	101001	烤漆丝	Φ0.1/蓝色	吨	61.033		
合 计					61.033		

华问金属制品有限公司收发专用章

记　账：　　复　核：郑学义　　仓库保管：刘三生　　交货人：熊瑛

图 4-167

華問 HUAWEN 南昌华问金属制品有限公司

销售发货单

发货单号：13126001　　发货日期：2013-12-5　　出库类型：销售出库　　部　门：销售部

客户名称：上海百睿塑料制品有限公司　　仓库名称：成品库　　备　注：

收款记录	编　码	商品名称	型号规格	单位	数　量	含税单价	价税合计
	101001	烤漆丝	Φ0.1/红色	吨	11.879	10,190.70	121,055.33
	101002	烤漆丝	Φ0.2/白色	吨	12.026	10,132.20	121,849.84
合 计					23.905		242,905.17

华问金属制品有限公司收发专用章

记　账：　　复　核：陈三刚　　仓库保管：李昕凝　　销售员：付国栋

图 4-168

華問 HUAWEN 南昌华问金属制品有限公司

销售发货单

发货单号：13126002　发货日期：2013-12-5　出库类型：销售出库　部　门：销售部
客户名称：义乌市艺友日用品有限公司　仓库名称：成品库　备　注：

收款记录	编　码	商品名称	型号规格	单位	数　量	含税单价	价税合计
	101002	烤漆丝	Φ0.2/草绿色	吨	31.304	10,132.20	317,178.39
合　计					31.304		317,178.39

记　账：　复　核：陈三刚　仓库保管：李昕凝　销售员：付国栋

图 4-169

华問 HUAWEN 南昌华问金属制品有限公司

销售发货单

发货单号：13126003　发货日期：2013-12-8　出库类型：销售出库　部　门：销售部
客户名称：上海百睿塑料制品有限公司　仓库名称：成品库　备　注：

收款记录	编　码	商品名称	型号规格	单位	数　量	含税单价	价税合计
	101005	烤漆丝	Φ0.5/草绿色	吨	51.738	9,956.70	515,139.74
合　计					51.738		515,139.74

记　账：　复　核：陈三刚　仓库保管：李昕凝　销售员：付国栋

图 4-170

華問 HUAWEN 南昌华问金属制品有限公司

销售发货单

发货单号：13126004　发货日期：2013-12-8　出库类型：销售出库　部　门：销售部
客户名称：深圳市亿高尔体育设施有限公司　仓库名称：成品库　备　注：

收款记录	编　码	商品名称	型号规格	单位	数　量	含税单价	价税合计
	101005	烤漆丝	Φ0.5/草绿色	吨	52.623	9,956.70	523,951.42
合　计					52.623		523,951.42

记　账：　复　核：陈三刚　仓库保管：李昕凝　销售员：付国栋

图 4-171

華問 HUAWEN 南昌华问金属制品有限公司

销售发货单

发货单号：13126005 发货日期：2013-12-9 出库类型：销售出库 部 门：销售部

客户名称： 南京莱特金属制品有限公司 仓库名称：成品库 备 注：

收款记录	编 码	商品名称	型号规格	单位	数 量	含税单价	价税合计
	102003	镀锌丝	Φ2.7	吨	120.815	7,605.00	918,798.08
合 计					120.815		918,798.08

记 账： 复 核：陈三刚 仓库保管：李昕凝 销售员：付国栋

图 4-172

華問 HUAWEN 南昌华问金属制品有限公司

销售发货单

发货单号：13126006 发货日期：2013-12-9 出库类型：销售出库 部 门：销售部

客户名称： 厦门顺新包装有限公司 仓库名称：成品库 备 注：

收款记录	编 码	商品名称	型号规格	单位	数 量	含税单价	价税合计
	101002	烤漆丝	Φ0.2/墨绿色	吨	20.804	10,132.20	210,790.29
合 计					20.804		210,790.29

记 账： 复 核：陈三刚 仓库保管：李昕凝 销售员：付国栋

图 4-173

華問 HUAWEN 南昌华问金属制品有限公司

销售发货单

发货单号：13126007 发货日期：2013-12-9 出库类型：销售出库 部 门：销售部

客户名称： 义乌市艺友日用品有限公司 仓库名称：成品库 备 注：

收款记录	编 码	商品名称	型号规格	单位	数 量	含税单价	价税合计
	101006	烤漆丝	Φ0.6/墨绿色	吨	55.78	9,898.20	552,121.60
合 计					55.78		552,121.60

记 账： 复 核：陈三刚 仓库保管：李昕凝 销售员：付国栋

图 4-174

南昌华问金属制品有限公司

销售发货单

发货单号：13126008　发货日期：2013-12-10　出库类型：销售出库　部　门：销售部

客户名称：南京莱特金属制品有限公司　仓库名称：成品库　备　注：

收款记录	编 码	商品名称	型号规格	单位	数 量	含税单价	价税合计
	102002	镀锌丝	Φ2.5	吨	58.188	7,651.80	445,242.94
合 计					58.188		445,242.94

记 账：　复 核：陳三剛　仓库保管：李昕凝　销售员：付国栋

图 4-175

南昌华问金属制品有限公司

销售发货单

发货单号：13126009　发货日期：2013-12-10　出库类型：销售出库　部　门：销售部

客户名称：武汉联创科技发展有限公司　仓库名称：成品库　备　注：

收款记录	编 码	商品名称	型号规格	单位	数 量	含税单价	价税合计
	103002	六角网	Φ2.5/7×9	平方	59,468.80	6.44	382,681.73
合 计					59,468.80		382,681.73

记 账：　复 核：陳三剛　仓库保管：李昕凝　销售员：付国栋

图 4-176

南昌华问金属制品有限公司

销售发货单

发货单号：13126010　发货日期：2013-12-12　出库类型：销售出库　部　门：销售部

客户名称：深圳市亿高尔体育设施有限公司　仓库名称：成品库　备　注：

收款记录	编 码	商品名称	型号规格	单位	数 量	含税单价	价税合计
	101003	烤漆丝	Φ0.3/墨绿色	吨	51.706	10,073.70	520,870.73
合 计					51.706		520,870.73

记 账：　复 核：陳三剛　仓库保管：李昕凝　销售员：付国栋

图 4-177

南昌华问金属制品有限公司

销售发货单

发货单号：13126011　发货日期：2013-12-16　出库类型：销售出库　部　门：销售部

客户名称：江苏塞尔浩金属制品有限公司　仓库名称：成品库　备　注：

收款记录	编　码	商品名称	型号规格	单位	数　量	含税单价	价税合计
	102001	镀锌丝	Φ2.2	吨	119.689	7,698.60	921,437.74
合　计					119.689		921,437.74

记　账：　复　核：陳三剛　仓库保管：李昕凝　销售员：付国栋

图 4-178

南昌华问金属制品有限公司

销售发货单

发货单号：13126012　发货日期：2013-12-16　出库类型：销售出库　部　门：销售部

客户名称：南京莱特金属制品有限公司　仓库名称：成品库　备　注：

收款记录	编　码	商品名称	型号规格	单位	数　量	含税单价	价税合计
	102001	镀锌丝	Φ2.2	吨	120.481	7,698.60	927,535.03
合　计					120.481		927,535.03

记　账：　复　核：陳三剛　仓库保管：李昕凝　销售员：付国栋

图 4-179

南昌华问金属制品有限公司

销售发货单

发货单号：13126013　发货日期：2013-12-16　出库类型：销售出库　部　门：销售部

客户名称：义乌市艺友日用品有限公司　仓库名称：成品库　备　注：

收款记录	编　码	商品名称	型号规格	单位	数　量	含税单价	价税合计
	101003	烤漆丝	Φ0.3/墨绿色	吨	55.617	10,073.70	560,268.97
合　计					55.617		560,268.97

记　账：　复　核：陳三剛　仓库保管：李昕凝　销售员：付国栋

图 4-180

華問 HUAWEN 南昌华问金属制品有限公司

销售发货单

发货单号：13126014　发货日期：2013-12-19　出库类型：销售出库　部　门：销售部

客户名称：武汉联创科技发展有限公司　仓库名称：成品库　备　注：

收款记录	编　码	商品名称	型号规格	单位	数　量	含税单价	价税合计
	103004	六角网	Φ3.5/9×11	平方	55,761.40	7.61	424,065.45
	103001	六角网	Φ2.0/6×8	平方	31,513.80	5.85	184,355.73
合　计					87,275.20		608,421.18

记　账：　复　核：陳三剛　仓库保管：李昕凝　销售员：付国栋

（印章：华问金属制品有限公司收发专用章）

图 4-181

華問 HUAWEN 南昌华问金属制品有限公司

销售发货单

发货单号：13126015　发货日期：2013-12-21　出库类型：销售出库　部　门：销售部

客户名称：宁波永盛园林景观材料有限公司　仓库名称：成品库　备　注：

收款记录	编　码	商品名称	型号规格	单位	数　量	含税单价	价税合计
	103001	六角网	Φ2.0/6×8	吨	33,755.10	5.85	197,467.34
合　计					33,755.10		197,467.34

记　账：　复　核：陳三剛　仓库保管：李昕凝　销售员：付国栋

（印章：华问金属制品有限公司收发专用章）

图 4-182

華問 HUAWEN 南昌华问金属制品有限公司

销售发货单

发货单号：13126016　发货日期：2013-12-22　出库类型：销售出库　部　门：销售部

客户名称：江苏塞尔浩金属制品有限公司　仓库名称：成品库　备　注：

收款记录	编　码	商品名称	型号规格	单位	数　量	含税单价	价税合计
	102003	镀锌丝	Φ2.7	吨	118.157	7,605.00	898,583.99
合　计					118.157		898,583.99

记　账：　复　核：陳三剛　仓库保管：李昕凝　销售员：付国栋

（印章：华问金属制品有限公司收发专用章）

图 4-183

華問 HUAWEN 南昌华问金属制品有限公司

销售发货单

发货单号：13126017　发货日期：2013-12-23　出库类型：销售出库　部　门：销售部

客户名称：青岛光源土工材料有限公司　仓库名称：成品库　备　注：

收款记录	编　码	商品名称	型号规格	单位	数　量	含税单价	价税合计
	103001	六角网	Φ2.0/6×8	平方	32,758.80	5.85	191,638.98
合　计					32,758.80		191,638.98

记　账：　复　核：陳三剛　仓库保管：李昕凝　销售员：付国栋

华问金属制品有限公司 专用收发章

图 4-184

華問 HUAWEN 南昌华问金属制品有限公司

销售发货单

发货单号：13126018　发货日期：2013-12-25　出库类型：销售出库　部　门：销售部

客户名称：武汉联创科技发展有限公司　仓库名称：成品库　备　注：

收款记录	编　码	商品名称	型号规格	单位	数　量	含税单价	价税合计
	103005	六角网	Φ4.0/10×12	平方	60,742.70	7.96	483,268.92
合　计					60,742.70		483,268.92

记　账：　复　核：陳三剛　仓库保管：李昕凝　销售员：付国栋

华问金属制品有限公司 专用收发章

图 4-185

華問 HUAWEN 南昌华问金属制品有限公司

销售发货单

发货单号：13126019　发货日期：2013-12-27　出库类型：销售出库　部　门：销售部

客户名称：东莞市胜利包装用品有限公司　仓库名称：成品库　备　注：

收款记录	编　码	商品名称	型号规格	单位	数　量	含税单价	价税合计
	101002	烤漆丝	Φ0.2/蓝色	吨	60.163	10,132.20	609,583.55
合　计					60.163		609,583.55

记　账：　复　核：陳三剛　仓库保管：李昕凝　销售员：付国栋

华问金属制品有限公司 专用收发章

图 4-186

南昌华问金属制品有限公司

销售发货单

发货单号：13126020　发货日期：2013-12-27　出库类型：销售出库　部　门：销售部
客户名称：广州市天邦塑料制品有限公司　仓库名称：成品库　备　注：

收款记录	编 码	商品名称	型号规格	单位	数 量	含税单价	价税合计
	101003	烤漆丝	Φ0.3/红色	吨	62.261	10,073.70	627,198.64
合 计					62.261		627,198.64

记 账：　复 核：陳三剛　仓库保管：李昕凝　销售员：付国栋

图 4-187

南昌华问金属制品有限公司

销售发货单

发货单号：13126021　发货日期：2013-12-27　出库类型：销售出库　部　门：销售部
客户名称：义乌市艺友日用品有限公司　仓库名称：成品库　备　注：

收款记录	编 码	商品名称	型号规格	单位	数 量	含税单价	价税合计
	101002	烤漆丝	Φ0.2/蓝色	吨	61.526	10,132.20	623,393.74
合 计					61.526		623,393.74

记 账：　复 核：陳三剛　仓库保管：李昕凝　销售员：付国栋

图 4-188

南昌华问金属制品有限公司

销售发货单

发货单号：13126022　发货日期：2013-12-28　出库类型：销售出库　部　门：销售部
客户名称：厦门顺新包装有限公司　仓库名称：成品库　备　注：

收款记录	编 码	商品名称	型号规格	单位	数 量	含税单价	价税合计
	101006	烤漆丝	Φ0.6/白色	吨	59.158	9,898.20	585,557.72
合 计					59.158		585,557.72

记 账：　复 核：陳三剛　仓库保管：李昕凝　销售员：付国栋

图 4-189

華問 HUAWEN 南昌华问金属制品有限公司

销售发货单

发货单号：13126023　发货日期：2013-12-29　出库类型：销售出库　部　门：销售部

客户名称：东莞市胜利包装用品有限公司　仓库名称：成品库　备　注：

收款记录	编 码	商品名称	型号规格	单位	数 量	含税单价	价税合计
	101002	烤漆丝	Φ0.2/蓝色	吨	59.827	10,132.20	606,179.13
合 计					59.827		606,179.13

记 账：　复 核：陳三剛　仓库保管：李昕凝　销售员：付国栋

(印章：华问金属制品有限公司收发专用章)

图 4-190

華問 HUAWEN 南昌华问金属制品有限公司

销售发货单

发货单号：13126024　发货日期：2013-12-29　出库类型：销售库　部　门：销售部

客户名称：宁波永盛园林景观材料有限公司　仓库名称：成品库　备　注：

收款记录	编 码	商品名称	型号规格	单位	数 量	含税单价	价税合计
	103003	六角网	Φ3.0/8×10	平方	61,156.50	7.02	429,318.63
合 计					61,156.50		429,318.63

记 账：　复 核：陳三剛　仓库保管：李昕凝　销售员：付国栋

(印章：华问金属制品有限公司收发专用章)

图 4-191

華問 HUAWEN 南昌华问金属制品有限公司

销售发货单

发货单号：13126025　发货日期：2013-12-29　出库类型：销售出库　部　门：销售部

客户名称：义乌市艺友日用品有限公司　仓库名称：成品库　备　注：

收款记录	编 码	商品名称	型号规格	单位	数 量	含税单价	价税合计
	101002	烤漆丝	Φ0.2/蓝色	吨	58.734	10,132.20	595,104.63
合 计					58.734		595,104.63

记 账：　复 核：陳三剛　仓库保管：李昕凝　销售员：付国栋

(印章：华问金属制品有限公司收发专用章)

图 4-192

華問 HUAWEN 南昌华问金属制品有限公司

销售发货单

发货单号：13126026　发货日期：2013-12-30　出库类型：销售出库　部 门：销售部

客户名称：广州市天邦塑料制品有限公司　仓库名称：成品库　备 注：

收款记录	编 码	商品名称	型号规格	单位	数 量	含税单价	价税合计
	101005	烤漆丝	Φ0.5/红色	吨	61.571	9,956.70	613,043.98
	103006	烤漆丝	Φ0.6/白色	吨	55.891	9,898.20	553,220.30
合 计					117.462		1,166,264.28

华问金属制品有限公司收发专用章

记 账：　复 核：陈三刚　仓库保管：李昕凝　销售员：付国栋

图 4-193

4000101888

江西增值税专用发票

№ 2086127

此联不作报销、扣税凭证使用　　　　开票日期：2013-12-8

购货单位	名　　称：上海百睿塑料制品有限公司 纳税人识别号：310114798930089 地址、电话：上海市嘉定工业区福海路33号 021-67728731 开户行及账号：浦发银行上海嘉定支行营业部 10324077582964995			密码区	/7**69>-59/0/*513>*543>978 6/83+55+2>-10606++-6<+_0-/ 7183215 *0>9*9-6>+546-005*0 >6+/1-/18*3822+4-+930*>708		
货物或应税劳务名称	规格型号	单位	数量	单价	金额	税率	税额
烤漆丝	Φ0.1/红色	吨	11.879	8,710.00	103,466.09	17%	17,589.24
烤漆丝	Φ0.2/白色	吨	12.026	8,660.00	104,145.16	17%	17,704.68
烤漆丝	Φ0.5/草绿色	吨	51.738	8,510.00	440,290.38	17%	74,849.36
合计					¥647,901.63		¥110,143.28
价税合计（大写）	※柒拾伍万捌仟零肆拾肆圆玖角壹分				（小写）¥758,044.91		
销货单位	名　　称：南昌华问金属制品有限公司 纳税人识别号：360105820020920 地址、电话：高新大道98号华问大厦　电话0791-86663959 开户行及账号：交行南昌市分行营业部 150220 621930 0950523			备注			

第一联：记账联　销货方记账凭证

收款人：尹敏　　复核：代英　　开票人：涂燕　　销货单位：（章）

图 4-194

4000101888　　**江西增值税专用发票**　　№ 2086128

此联不作报销、扣税凭证使用　　开票日期：2013-12-9

购货单位	名　　称：义乌市艺友日用品有限公司 纳税人识别号：301975121037727 地址、电话：义乌市城西街道西方村158号 0579-85681193 开户行及账号：中国招商银行义乌支行 237481918539036	密码区	/7**69>-59/0/*513>*543>978 6/83+55+2>-10606++-6<+_0-/ 7183215 *0>9*9-6>+546-005*0 >6+/1-/18*3822+4-+930*>708

货物或应税劳务名称	规格型号	单位	数量	单价	金额	税率	税额
烤漆丝	Φ0.2/草绿色	吨	31.304	8,660.00	271,092.64	17%	46,085.75
烤漆丝	Φ0.6/墨绿色	吨	55.78	8,460.00	471,898.80	17%	80,222.80
合　　计					￥ 742,991.44		￥ 126,308.55
价税合计（大写）	※捌拾陆万玖仟贰佰玖拾玖圆玖角玖分				（小写）￥ 869,299.99		

销货单位	名　　称：南昌华问金属制品有限公司 纳税人识别号：360105820020920 地址、电话：高新大道98号华问大厦 电话0791-86663959 开户行及账号：交行南昌市分行营业部 150220 621930 0950523	备注	

收款人：尹敏　　复核：代英　　开票人：涂燕　　销货单位：（章）

第一联：记账联　销货方记账凭证

图 4-195

4000101888

江西增值税专用发票

№ 2086129

此联不作报销、扣税凭证使用

开票日期：2013-12-12

购货单位	名称：深圳市亿高尔体育设施有限公司 纳税人识别号：440300566704574 地址、电话：深圳市龙华和平西路鹏华工业园1B栋 0755-81758500 开户行及账号：中国工商银行龙华支行 43910087395277O3336	密码区	/7**69>-59/0/*513>*543>978 6/83+55+2>-10606++-6<+_0-/ 7183215 *0>9*9-6>+546-005*0 >6+/1-/18*3822+4-+930*>708

货物或应税劳务名称	规格型号	单位	数量	单价	金额	税率	税额
烤漆丝	Φ0.5/草绿色	吨	52.623	8,510.00	447,821.73	17%	76,129.69
烤漆丝	Φ0.3/墨绿色	吨	51.706	8,610.00	445,188.66	17%	75,682.07
合计					¥ 893,010.39		¥ 151,811.76
价税合计（大写）	※壹佰零肆万肆仟捌佰贰拾贰圆壹角伍分				（小写）¥ 1,044,822.15		

销货单位	名称：南昌华问金属制品有限公司 纳税人识别号：360105820020920 地址、电话：高新大道98号华问大厦 电话0791-86663959 开户行及账号：交行南昌市分行营业部 150220 621930 0950523	备注	

收款人：尹敏 复核：代英 开票人：涂燕 销货单位：（章）

第一联：记账联 销货方记账凭证

（印章：全国统一发票监制章 江西）

（印章：南昌华问金属制品有限公司 360105820020920 发票专用章）

图 4-196

4000101888

江西增值税专用发票

№ 2086130

此联不作报销、扣税凭证使用

开票日期： 2013-12-16

购货单位	名　称：南京莱特金属制品有限公司 纳税人识别号： 321283198602147 地址、电话：江苏省南京市浦口区泰西路24号 025-86623937 开户行及账号：中国银行南京市浦口支行 433729652018			密码区	/7**69>-59/0/*513>*543>978 6/83+55+2>-10606++-6<+ 0-/ 7183215 *0>9*9-6>+546-005*0 >6+/1-/18*3822+4-+930*>708		
货物或应税劳务名称	规格型号	单位	数量	单价	金额	税率	税额
镀锌丝	Φ2.7	吨	120.815	6,500.00	785,297.50	17%	133,500.58
镀锌丝	Φ2.5	吨	58.188	6,540.00	380,549.52	17%	64,693.42
镀锌丝	Φ2.2	吨	120.481	6,580.00	792,764.98	17%	134,770.05
合　计					￥ 1,958,612.00		￥ 332,964.05
价税合计（大写）	※贰佰贰拾玖万壹仟伍佰柒拾陆圆零伍分				（小写）￥ 2,291,576.05		
销货单位	名　称：南昌华问金属制品有限公司 纳税人识别号： 360105820020920 地址、电话：高新大道98号华问大厦 电话0791-86663959 开户行及账号：交行南昌市分行营业部 150220 621930 0950523			备注	南昌华问金属制品有限公司 360105820020920 发票专用章		

收款人：尹敏　　复核：代英　　开票人：涂燕　　销货单位：（章）

第一联：记账联 销货方记账凭证

图 4-197

4000101888　　**江西增值税专用发票**　　№ 2086131

此联不作报销、扣税凭证使用　　开票日期：2013-12-22

购货单位	名　　称：江苏塞尔浩金属制品有限公司 纳税人识别号：321124141758296 地址、电话：江苏省扬中市三矛镇风华路11号 0511-89991959 开户行及账号：中国工商银行扬中市春柳分理处 2184603327003652659			密码区	/7**69>-59/0/*513>*543>978 6/83+55+2>-10606++-6<+_0-/ 7183215 *0>9*9-6>+546-005*0 >6+/1-/18*3822+4-+930*>708		
货物或应税劳务名称	规格型号	单位	数量	单价	金额	税率	税额
镀锌丝	Φ2.2	吨	119.689	6,580.00	787,553.62	17%	133,884.12
镀锌丝	Φ2.7	吨	118.157	6,500.00	768,020.50	17%	130,563.49
合　　计					￥1,555,574.12		￥264,447.61
价税合计（大写）	※壹佰捌拾贰万零贰拾壹圆柒角叁分				（小写）￥1,820,021.73		
销货单位	名　　称：南昌华问金属制品有限公司 纳税人识别号：360105820020920 地址、电话：高新大道98号华问大厦　电话0791-86663959 开户行及账号：交行南昌市分行营业部 150220 621930 0950523			备注	南昌华问金属制品有限公司 360105820020920 发票专用章		

收款人：尹敏　　复核：代英　　开票人：涂燕　　销货单位：（章）

第一联：记账联　销货方记账凭证

图 4-198

4000101888　　**江西增值税专用发票**　　№ 2086132

此联不作报销、扣税凭证使用　　开票日期：2013-12-23

购货单位	名　　称：青岛光源土工材料有限公司 纳税人识别号：370211053067348 地址、电话：山东省青岛经济开发区九华山28号 0532-8282717 开户行及账号：中国工商银行青岛经济开发区支行 4288050014415326227	密码区	/7**69>-59/0/*513>*543>978 6/83+55+2>-10606++-6<+_0-/ 7183215 *0>9*9-6>+546-005*0 >6+/1-/18*3822+4-+930*>708

货物或应税劳务名称	规格型号	单位	数量	单价	金额	税率	税额
六角网	Φ2.0/5×8	平方	32,758.80	5.00	163,794.00	17%	27,844.98
合　计					¥ 163,794.00		¥ 27,844.98
价税合计（大写）	※壹拾玖万壹仟陆佰叁拾捌圆玖角捌分				（小写）¥ 191,638.98		

销货单位	名　　称：南昌华问金属制品有限公司 纳税人识别号：360105820020920 地址、电话：高新大道98号华问大厦　电话0791-86663959 开户行及账号：交行南昌市分行营业部 150220 621930 0950523	备注	南昌华问金属制品有限公司 360105820020920 发票专用章

第一联：记账联　销货方记账凭证

收款人：尹敏　　复核：代英　　开票人：涂燕　　销货单位：（章）

图 4-199

4000101888　　**江西增值税专用发票**　　№ 2086133

此联不作报销、扣税凭证使用　　开票日期：2013-12-25

购货单位	名称：武汉联创科技发展有限公司 纳税人识别号：420102691852121 地址、电话：武汉市江岸区十大家工业园区9栋5层 027-81883298 开户行及账号：中国银行武汉交易街支行 401478634610		密码区	/7**69>-59/0/*513>*543>978 6/83+55+2>-10606++-6<+_0-/ 7183215 *0>9*9-6>+546-005*0 >6+/1-/18*3822+4-+930*>708			
货物或应税劳务名称	规格型号	单位	数量	单价	金额	税率	税额
六角网	Φ2.5/7×9	平方	59,468.80	5.50	327,078.40	17%	55,603.33
六角网	Φ3.5/9×11	平方	55,761.40	6.50	362,449.10	17%	61,616.35
六角网	Φ2.0/6×8	平方	31,513.80	5.00	157,569.00	17%	26,786.73
六角网	Φ4.0/10×12	平方	60,742.70	6.80	413,050.36	17%	70,218.56
合　计					￥1,260,146.86		￥214,224.97
价税合计（大写）	※壹佰肆拾柒万肆仟叁佰柒拾壹圆捌角叁分				（小写）￥1,474,371.83		
销货单位	名称：南昌华问金属制品有限公司 纳税人识别号：360105820020920 地址、电话：高新大道98号华问大厦　电话0791-86663959 开户行及账号：交行南昌市分行营业部 150220 621930 0950523		备注	南昌华问金属制品有限公司 360105820020920 发票专用章			

收款人：尹敏　　复核：代英　　开票人：涂燕　　销货单位：（章）

第一联：记账联　销货方记账凭证

图 4-200

4000101888

江西增值税专用发票

№ 2086134

此联不作报销、扣税凭证使用　　　　开票日期：2013-12-28

购货单位	名　　称：厦门顺新包装有限公司 纳税人识别号：350206737897473 地址、电话：福建省厦门市思明区河厝村63号 0592-5718242 开户行及账号：中国民生银行厦门厦禾支行 6329874871827302	密码区	/7**69>-59/0/*513>*543>978 6/83+55+2>-10606++-6<+_0-/ 7183215 *0>9*9-6>+546-005*0 >6+/1-/18*3822+4-+930*>708

货物或应税劳务名称	规格型号	单位	数量	单价	金额	税率	税额
烤漆丝	Φ0.2/墨绿色	吨	20.804	8,660.00	180,162.64	17%	30,627.65
烤漆丝	Φ0.6/白色	吨	59.158	8,460.00	500,476.68	17%	85,081.04
合　　计					￥680,639.32		￥115,708.69
价税合计（大写）	※柒拾玖万陆仟叁佰肆拾捌圆零壹分				（小写）￥796,348.01		

销货单位	名　　称：南昌华问金属制品有限公司 纳税人识别号：360105820020920 地址、电话：高新大道98号华问大厦　电话0791-86663959 开户行及账号：交行南昌市分行营业部 150220 621930 0950523	备注	

收款人：尹敏　　复核：代英　　开票人：涂燕　　销货单位：（章）

第一联：记账联　销货方记账凭证

全国统一发票监制章 江西 成栋实训公司研制

南昌华问金属制品有限公司 360105820020920 发票专用章

图 4-201

4000101888　　**江西增值税专用发票**　　№ 2086135

此联不作报销、扣税凭证使用　　　　开票日期：2013-12-29

购货单位		密码区
名　　称：	宁波永盛园林景观材料有限公司	/7**69>-59/0/*513>*543>978
纳税人识别号：	330205786793195	6/83+55+2>-10606++-6<+ 0-/
地址、电话：	宁波市江北区东昌路43号 400-670-6716	7183215 *0>9*9-6>+546-005*0
开户行及账号：	中国农业银行宁波市江北支行 60002678493351022	>6+/1-/18*3822+4-+930*>708

货物或应税劳务名称	规格型号	单位	数量	单价	金额	税率	税额
六角网	Φ2.0/6×8	平方	33,755.10	5.00	168,775.50	17%	28,691.84
六角网	Φ3.0/8×10	平方	61,156.50	6.00	366,939.00	17%	62,379.63
合　　计					￥535,714.50		￥91,071.47
价税合计（大写）	※陆拾贰万陆仟柒佰捌拾伍圆玖角柒分				（小写）￥626,785.97		

销货单位		备注
名　　称：	南昌华问金属制品有限公司	南昌华问金属制品有限公司 360105820020920 发票专用章
纳税人识别号：	360105820020920	
地址、电话：	高新大道98号华问大厦　电话0791-86663959	
开户行及账号：	交行南昌市分行营业部 150220 621930 0950523	

收款人：尹敏　　复核：代英　　开票人：涂燕　　销货单位：（章）

第一联：记账联　销货方记账凭证

图 4-202

4000101888

江西增值税专用发票

№ 2086136

此联不作报销、扣税凭证使用

开票日期：2013-12-29

购货单位	名称：东莞市胜利包装用品有限公司 纳税人识别号：441900692463996 地址、电话：东莞市长安镇咸西铭恩西五路143号 0769-38996038 开户行及账号：中国邮政储蓄银行长安邮政储蓄所 411705260123184031	密码区	/7**69>-59/0/*513>*543>978 6/83+55+2>-10606++-6<+_0-/ 7183215 *0>9*9-6>+546-005*0 >6+/1-/18*3822+4-+930*>708

货物或应税劳务名称	规格型号	单位	数量	单价	金额	税率	税额
烤漆丝	Φ0.2/蓝色	吨	60.163	8,660.00	521,011.58	17%	88,571.97
烤漆丝	Φ0.2/蓝色	吨	59.827	8,660.00	518,101.82	17%	88,077.31
合计					￥1,039,113.40		￥176,649.28
价税合计（大写）	※壹佰贰拾壹万伍仟柒佰陆拾贰圆陆角捌分				（小写）￥1,215,762.68		

销货单位	名称：南昌华问金属制品有限公司 纳税人识别号：360105820020920 地址、电话：高新大道98号华问大厦 电话0791-86663959 开户行及账号：交行南昌市分行营业部 150220 621930 0950523	备注	

收款人：尹敏 复核：代英 开票人：涂燕 销货单位：（章）

第一联：记账联 销货方记账凭证

图 4-203

4000101888　　**江西增值税专用发票**　　№ 2086137

此联不作报销、扣税凭证使用　　开票日期：2013-12-29

购货单位	名　　称：义乌市艺友日用品有限公司 纳税人识别号：301975121037727 地址、电话：义乌市城西街道西方村158号　0579-85681193 开户行及账号：中国招商银行义乌支行　237481918539036			密码区	/7**69>-59/0/*513>*543>978 6/83+55+2>-10606++-6<+_0-/ 7183215 *0>9*9-6>+546-005*0 >6+/1-/18*3822+4-+930*>708		
货物或应税劳务名称	规格型号	单位	数量	单价	金额	税率	税额
烤漆丝	Φ0.3/墨绿色	吨	55.617	8,610.00	478,862.37	17%	81,406.60
烤漆丝	Φ0.2/蓝色	吨	61.526	8,660.00	532,815.16	17%	90,578.58
烤漆丝	Φ0.2/蓝色	吨	58.734	8,660.00	508,636.44	17%	86,468.19
合　　计					¥ 1,520,313.97		¥ 258,453.37
价税合计（大写）	※壹佰柒拾柒万捌仟柒佰陆拾柒圆叁角肆分				（小写）¥ 1,778,767.34		
销货单位	名　　称：南昌华问金属制品有限公司 纳税人识别号：360105820020920 地址、电话：高新大道93号华问大厦　电话0791-86663959 开户行及账号：交行南昌市分行营业部　150220 621930 0950523			备注			

收款人：尹敏　　复核：代英　　开票人：涂燕　　销货单位：（章）

第一联：记账联　销货方记账凭证

图 4-204

4000101888

江西增值税专用发票

№ 2086138

此联不作报销、扣税凭证使用

开票日期：2013-12-30

购货单位	名称：广州市天邦塑料制品有限公司 纳税人识别号：440182734939797 地址、电话：广州市花都区炭步镇花都大道工业区 020-85550901 开户行及账号：农村合作银行花都朝阳支行 320705260120100018983			密码区	/7**69>-59/0/*513>*543>978 6/83+55+2>-10606++-6<+ 0-/ 7183215 *0>9*9-6>+546-005*0 >6+/1-/18*3822+4-+930*>708		
货物或应税劳务名称	规格型号	单位	数量	单价	金额	税率	税额
烤漆丝	Φ0.3/红色	吨	62.261	8,610.00	536,067.21	17%	91,131.43
烤漆丝	Φ0.5/红色	吨	61.571	8,510.00	523,969.21	17%	89,074.77
烤漆丝	Φ0.6/白色	吨	55.891	8,460.00	472,837.86	17%	80,382.44
合计					¥ 1,532,874.28		¥ 260,588.64
价税合计（大写）	※壹佰柒拾玖万叁仟肆佰陆拾贰圆玖角贰分				（小写）¥ 1,793,462.92		
销货单位	名称：南昌华问金属制品有限公司 纳税人识别号：360105820020920 地址、电话：高新大道98号华问大厦 电话0791-86663959 开户行及账号：交行南昌市分行营业部 150220 621930 0950523			备注	南昌华问金属制品有限公司 360105820020920 发票专用章		

第一联：记账联 销货方记账凭证

收款人：尹敏　　复核：代英　　开票人：涂燕　　销货单位：（章）

图 4-205

表 4-2

南昌华问金属制品有限公司

工资发放汇总表

计酬期间：2013 年 12 月　　　　发放日期：2014 年 1 月 5 日　单位：元

部门	基本工资	岗位工资	工龄工资	福利补贴	加班及考勤	应发合计	养老保险	失业保险	医疗保险	住房公积金	个人所得税	实发合计
行政管理汇总	59 800	21 600	495	4 640	1 344.35	87 879.35	7 036.84	879.61	1759.21	10 065.00	134.59	68 004.10
销售部汇总	18 600	4 900	165	1 584	−138.23	25 110.77	2 008.86	251.11	502.22	3 013.29	1.51	19 333.78
拉丝车间汇总	26 200	6 900	290	2 112	3 386.69	38 888.69	3 111.10	388.89	777.76	4 666.65	0	29 944.29
编网车间汇总	23 600	5 600	90	2 464	3 351.05	35 105.05	2 826.46	353.30	706.61	4 212.62	0	27 006.06
电镀车间汇总	19 600	9 000	355	1 584	2 989.27	33 528.27	2 682.27	335.29	670.58	4 023.39	16.17	25 800.57
烤漆车间汇总	28 600	9 800	215	2 816	3 972.44	45 403.44	3 633.40	454.16	908.36	5 448.40	0	34 959.12
机修车间汇总	14 200	3 900	75	1 056	336.49	19 567.49	1 565.40	195.67	391.35	2 348.09	1.40	15 065.58
总计	190 600	61 700	1 685	16 256	15 242.06	285 483.06	22 864.33	28 58.03	5 716.09	33 777.44	153.67	220 113.50

审核：王晓华　　　　编制：尹敏

三、业务操作及报表编制

（一）根据图片业务填制会计凭证

（二）编制纳税申报表

1. 增值税纳税申报表，如表 4-3、表 4-4 和表 4-5 所示。
2. 地方税（费）综合纳税申报表，如表 4-6 所示。
3. 所得税纳税申报表，如表 4-7 所示。
4. 根据申报表填制相关税费凭证。

（三）计提固定资产折旧明细表

1. 固定资产折旧计算表，如表 4-8 所示。
2. 根据折旧计算表填制计提折旧凭证。

（四）计提工资附加费明细表

1. 根据工资汇总表进行工资分配，并填制工资计提凭证。

2. 根据工资费用填制工资附加费等相关凭证。

（五）产品生产成本计算

1. 计算产品生产成本，如表 4-9 所示。
2. 根据生产成本计算产成品入库单价，并填制相关凭证。

（六）计算主营业务成本并填制相关凭证

（七）结转期间损益

（八）编制报表

1. 资产负债表，如表 4-10 所示。
2. 损益表，如表 4-11 所示。
3. 现金流量表，如表 4-12 所示。
4. 管理费用明细表，如表 4-13 所示。
5. 营业费用明细表，如表 4-14 所示。
6. 财务费用明细表，如表 4-15 所示。
7. 人工成本明细表，如表 4-16 所示。
8. 应交款项明细表，如表 4-17 所示。

表 4-3

增值税纳税申报表

（适用于增值税一般纳税人）

根据《中华人民共和国增值税暂行条例》第二十二条和第二十三条的规定制定本表。纳税人不论有无销售额，均应按主管税务机关的纳税期限按期填报本表，并于次月一日起十日内，向当地税务机关申报。

税款所属时间：自　　年　　月　　日至　　年　　月　　日　　填表日期：　　年　　月　　日　　　　金额单位：元至角分

纳税人识别号						所属行业	
纳税人名称	（公章）	法定代表人姓名		注册地址		营业地址	
开户银行及账号		企业登记注册类型				电话号码	

项目		栏次	一般货物及劳务		即征即退货物及劳务	
			本月数	本年累计	本月数	本年累计
销售额	（一）按适用税率征税货物及劳务销售额	1				
	其中：应税货物销售额	2				
	应税劳务销售额	3				
	纳税检查调整的销售额	4				
	（二）按简易征收办法征税货物销售额	5				
	其中：纳税检查调整的销售额	6				
	（三）免、抵、退办法出口货物销售额	7			—	—
	（四）免税货物及劳务销售额	8			—	—
	其中：免税货物销售额	9			—	—
	免税劳务销售额	10			—	—
税额计算	销项税额	11				
	进项税额	12				
	上期留抵税额	13		—		—
	进项税额转出	14				
	免抵退货物应退税额	15			—	—
	按适用税率计算的纳税检查应补缴税额	16			—	—
	应抵扣税额合计	17 = 12+13+14+15+16		—		—
	实际抵扣税额	18（如 17<11，则为 17，否则为 11）				

续表

纳税人识别号				所属行业	
纳税人名称	（公章）	法定代表人姓名		注册地址		营业地址	
开户银行及账号		企业登记注册类型				电话号码	

项目		栏次	一般货物及劳务		即征即退货物及劳务	
			本月数	本年累计	本月数	本年累计
税额计算	应纳税额	19 = 11−18				
	期末留抵税额	20 = 17−18		—		—
	简易征收办法计算的应纳税额	21				
	按简易征收办法计算的纳税检查应补缴税额	22			—	—
	应纳税额减征额	23				
	应纳税额合计	24 = 19+21−23				
税款缴纳	期初未缴税额（多缴为负数）	25			—	—
	实收出口开具专用缴款书退税额	26				
	本期已缴税项	27 = 28+29+30+31				
	① 分次预缴税额	28		—		—
	② 出口开具专用缴款书缴税额	29		—	—	—
	③ 本期缴纳上期应纳税额	30				
	④ 本期缴纳欠缴税额	31				
	期末未缴税额（多缴未负数）	32 = 24+25+26−27				
	其中：欠税税额（≥0）	33 = 25+26−27		—		—
	本期应补（退）税额	34 = 24−28−29		—		—
	即征即退实际退税额	35	—	—		
	期初未缴查补税额	36			—	—
	本期入库查补税额	37			—	—
	期末未缴查补税额	38 = 16+22+36 − 37			—	—

授权声明	如果你已授权委托代理人申报，请填写下列资料： 为代理一切税务事宜，现授权 （地址）　　　为本纳税人的代理人，任何与本申报表有关的往来文件，都可寄予此人。 授权人签名：	申报人声明	此纳税申报表是根据《中华人民共和国增值税暂行条例》的规定填报，我相信它是真实的、可靠的、完整的。 声明人签字：

以下由税务机关填写：

收到日期：　　　接收人：　　　主管税务机关盖章：

表 4-4

增值税纳税申报表附列资料（表一）

（本期销售情况明细）

税款所属时间： 年 月 日

纳税人名称：（公章） 填表日期： 年 月 日 金额单位：元至角分

一、按适用税率征收增值税货物及劳务的销售额和销项税额明细

项 目	栏 次	应税货物						应税劳务			小 计		
		17% 税率			13% 税率								
		份数	销售额	销项税	份数	销售额	销项税	份数	销售额	销项税	份数	销售额	销项税
防伪税控系统开具的增值税专用发票	1												
非防伪税控系统开具的增值税专用发票	2												
开具普通发票	3												
未开具普通发票	4	—			—			—			—		
小 计	5 = 1+2+3+4	—			—			—			—		
纳税检查调整	6	—			—			—			—		
合 计	7	—			—			—			—		

二、简易征收办法征收增值税货物的销售额和应纳税额明细

项 目	栏 次	6% 征收率			4% 征收率			小 计		
		份数	销售额	销项税	份数	销售额	销项税	份数	销售额	销项税
防伪税控系统开具的增值税专用发票	8									
非防伪税控系统开具的增值税专用发票	9									
开具普通发票	10									
未开具普通发票	11	—			—			—		
小 计	12 = 8+9+10+11	—			—			—		
纳税检查调整	13	—			—			—		
合 计	14	—			—			—		

三、免征增值税货物及劳务销售额明细

项 目	栏 次	免税货物			免税劳务			小 计		
		份数	销售额	销项税	份数	销售额	销项税	份数	销售额	销项税
防伪税控系统开具的增值税专用	15				—	—	—			
开具普通发票	16			—			—			—
未开具普通发票	17	—		—	—		—	—		—
合 计	18 = 15+16+17	—			—		—	—		

表 4-5

增值税纳税申报表附列资料（表二）

（本期进项税额明细）

税款所属时间：　　年　　月　　日

纳税人名称：（公章）　　填表日期：　　年　　月　　日　　金额单位：元至角分

一、申报抵扣的进项税

项　目	栏次	份数	金额	税额
（一）认证相符的防伪税控增值税专用发票	1			
其中：本期认证相符且本期申报抵扣	2			
前期认证相符且本期申报抵扣	3			
（二）非防伪税控增值税专用发票及其他扣税凭证	4			
其中：17% 税率	5			
13% 税率或扣除率	6			
10% 扣除率	7			
7% 征收率	8			
6% 征收率	9			
4% 征收率	10			
（三）期初已征税款	11	—	—	
当期申报抵扣进项税合计	12			

二、进项税额转出额

项目	栏次	份数	金额	税额
本期进项税转出额	13			
其中：免税货物用	14			
非应税项目用	15			
非正常损失	16			
按简易征收办法征税货物用	17			
免抵退税办法出口货物不得抵扣进项税额	18			
纳税检查调减进项税额	19			
未经认证已抵扣的进项税额	20			
	21			

三、待抵扣进项税额

项目	栏次	份数	金额	税额
（一）认证相符的防伪税控增值税专用发票	22	—	—	—
期初已认证相符但未申报抵扣	23			
本期认证相符且本期未申报抵扣	24			
期末已认证相符但未申报抵扣	25			
其中：按照税法规定不允许抵扣	26			
（二）非防伪税控增值税专用发票及其他扣税凭证	27			
其中：17% 税率	28			
13% 税率或扣除率	29			
10% 扣除率	30			
7% 征收率	31			
6% 征收率	32			
4% 征收率	33			
	34			

项目	栏次	份数	金额	税额
本期认证相符的全部防伪税控增值税专用发票	35			
期初已征税款挂账额	36	—	—	
期初已征税款余额	37	—	—	
代扣代缴税额	38	—	—	

注：第 1 栏 = 第 2 栏 + 第 3 栏 = 第 23 栏 + 第 35 栏 − 第 25 栏；第 2 栏 = 第 35 栏 − 第 24 栏；第 3 栏 = 第 23 栏 + 第 24 栏 − 第 25 栏；第 4 栏等于第 5 栏至第 10 栏之和。

表 4-6

地方税（费）综合纳税申报表

纳税人名称（公章）： 纳税人管理码： 申报日期： 年 月 金额单位：元（列至角分）

税　种	税目	应税项目	税款所属期	计税总值或计税数量	税（费）率（预征率、征收率、单位税额）	应纳税（费）额	减免、扣、抵、缓缴税（费）额	已纳税（费）额	本期应缴税（费）额
印花税					0.03%				
城建税					7%				
教育费附加					3%				
地方教育附加					2%				
个人所得税－工资、薪金所得					5%				
合　计									
开户银行						银行账号			
说明：本表适用于核定征收或按附征率征收的个人所得税以及其他地方各税（基金、费）的申报。本表一式三份，受理部门和属地分局（所）各一份，审核签章后返回纳税人一份。						受理人： 年 月 日			
						审核人： 年 月 日			

法人代表（签章）： 办税员或税务代理人： 受理地税机关（章）：

表 4-7 中华人民共和国企业所得税月（季）度预缴纳税申报表

<table>
<tr><td colspan="5">税款所属期间： 年 月 日至 年 月 日</td></tr>
<tr><td colspan="5">纳税人识别号：</td></tr>
<tr><td colspan="3">纳税人名称：</td><td colspan="2">金额单位：人民币元（列至角分）</td></tr>
<tr><th>行次</th><th colspan="2">项 目</th><th>本期金额</th><th>累计金额</th></tr>
<tr><td>1</td><td colspan="4">一、按照实际利润额预缴</td></tr>
<tr><td>2</td><td colspan="2">营业收入</td><td></td><td></td></tr>
<tr><td>3</td><td colspan="2">营业成本</td><td></td><td></td></tr>
<tr><td>4</td><td colspan="2">利润总额</td><td></td><td></td></tr>
<tr><td>5</td><td colspan="2">加：特定业务计算的应纳税所得额</td><td></td><td></td></tr>
<tr><td>6</td><td colspan="2">减：不征税收入</td><td></td><td></td></tr>
<tr><td>7</td><td colspan="2">免税收入</td><td></td><td></td></tr>
<tr><td>8</td><td colspan="2">弥补以前年度亏损</td><td></td><td></td></tr>
<tr><td>9</td><td colspan="2">实际利润额（4 行 +5 行 -6 行 -7 行 -8 行）</td><td></td><td></td></tr>
<tr><td>10</td><td colspan="2">税率（25%）</td><td></td><td></td></tr>
<tr><td>11</td><td colspan="2">应纳所得税额</td><td></td><td></td></tr>
<tr><td>12</td><td colspan="2">减：减免所得税额</td><td></td><td></td></tr>
<tr><td>13</td><td colspan="2">减：实际已预缴所得税额</td><td>—</td><td></td></tr>
<tr><td>14</td><td colspan="2">减：特定业务预缴（征）所得税额</td><td></td><td></td></tr>
<tr><td>15</td><td colspan="2">应补（退）所得税额（11 行 -12 行 -13 行 -14 行）</td><td>—</td><td></td></tr>
<tr><td>16</td><td colspan="2">减：以前年度多缴在本期抵缴所得税额</td><td></td><td></td></tr>
<tr><td>17</td><td colspan="2">本期实际应补（退）所得税额</td><td>—</td><td></td></tr>
<tr><td>18</td><td colspan="4">二、按照上一纳税年度应纳税所得额平均额预缴</td></tr>
<tr><td>19</td><td colspan="2">上一纳税年度应纳税所得额</td><td>—</td><td></td></tr>
<tr><td>20</td><td colspan="2">本月（季）应纳税所得额（19 行 ×1/4 或 1/12）</td><td></td><td></td></tr>
<tr><td>21</td><td colspan="2">税率（25%）</td><td></td><td></td></tr>
<tr><td>22</td><td colspan="2">本月（季）应纳所得税额（20 行 ×21 行）</td><td></td><td></td></tr>
<tr><td>23</td><td colspan="4">三、按照税务机关确定的其他方法预缴</td></tr>
<tr><td>24</td><td colspan="2">本月（季）确定预缴的所得税额</td><td></td><td></td></tr>
<tr><td>25</td><td colspan="4">总分机构纳税人</td></tr>
<tr><td>26</td><td rowspan="5">总机构</td><td>总机构应分摊所得税额（15 行或 22 行或 24 行 × 总机构应分摊预缴比例）</td><td></td><td></td></tr>
<tr><td>27</td><td>财政集中分配所得税额</td><td></td><td></td></tr>
<tr><td>28</td><td>分支机构应分摊所得税额（15 行或 22 行或 24 行 × 分支机构应分摊比例）</td><td></td><td></td></tr>
<tr><td>29</td><td>其中：总机构独立生产经营部门应分摊所得税额</td><td></td><td></td></tr>
<tr><td>30</td><td>总机构已撤销分支机构应分摊所得税额</td><td></td><td></td></tr>
<tr><td>31</td><td rowspan="2">分支机构</td><td>分配比例</td><td></td><td></td></tr>
<tr><td>32</td><td>分配所得税额</td><td></td><td></td></tr>
<tr><td colspan="5">谨声明：此纳税申报表是根据《中华人民共和国企业所得税法》、《中华人民共和国企业所得税法实施条例》和国家有关税收规定填报的，是真实的、可靠的、完整的。</td></tr>
<tr><td colspan="3">法定代表人（签字）：</td><td colspan="2">年 月 日</td></tr>
</table>

表 4-8

固定资产折旧计提表

年　　月

类　别	固定资产名称	使 用 部 门	购 置 日 期	使用年限	残值率	账面原值	月折旧率	月折旧额
房屋及建筑物	办公楼	公司总部	2002 年 12 月 6 日	20	5%			
	车间一号厂房	镀锌车间、烤漆车间	2002 年 12 月 6 日	20	5%			
	车间二号厂房	拉丝车间、编网车间	2002 年 12 月 6 日	20	5%			
小　计								
机器设备	窗纱网机	编网车间	2007 年 6 月 13 日	10	5%			
	轧花网机	编网车间	2007 年 6 月 30 日	10	5%			
	刺绳机	编网车间	2009 年 1 月 6 日	10	5%			
	烤漆生产线	烤漆车间	2007 年 6 月 13 日	10	5%			
	卧式集成四连拔轧两用生产线	拉丝车间	2007 年 6 月 13 日	10	5%			
	直线式全自动电镀生产线	镀锌车间	2009 年 1 月 6 日	10	5%			
小　计								
运输设备	越野车	公司总部	2012 年 6 月 16 日	4	5%			
	小轿车	公司总部	2011 年 10 月 22 日	4	5%			
	商务车	销售部	2011 年 3 月 15 日	4	5%			
	东风货车	销售部	2009 年 9 月 19 日	4	5%			
小　计								
办公设备	电脑	公司总部	2011 年 3 月 15 日	3	5%			
	打印机	公司总部	2011 年 3 月 15 日	3	5%			
	空调	公司总部	2011 年 12 月 8 日	3	5%			
	复印机	公司总部	2011 年 3 月 15 日	3	5%			
小　计								
合　计								

表 4-9

产品生产成本计算表

年　月

品名规格	材料			直接人工			制造费用			合计		
	标准单位成本	分摊率	单位成本	标准单位成本	分摊率	单位成本	标准单位成本	分摊率	单位成本	实际单位成本	标准单位成本	差异

表 4-10

资产负债表

单位名称： 年 月 日 金额单位：元

项 目	行次	期末余额	年初余额	项 目	行次	期末余额	年初余额
流动资产：	1			**流动负债：**	46		
货币资金	2			短期借款	47		
* 结算备付金	3			* 向中央银行借款	48		
* 拆出资金	4			* 同业及其他金融机构存放款项	49		
交易性金融资产	5			* 吸收存款	50		
* 衍生金融资产	6			* 拆入资金	51		
应收票据	7			交易性金融负债	52		
应收账款	8			衍生金融负债	53		
预付款项	9			应付票据	54		
应收利息	10			应付账款	55		
应收股利	11			预收款项	56		
其他应收款	12			* 卖出回购金融资产款	57		
* 买入返售金融资产	13			* 应付手续费及佣金	58		
存货	14			应付职工薪酬	59		
其中：原材料	15			应交税费	60		
产成品（库存商品）	16			应付利息	61		
一年内到期的非流动资产	17			应付股利	62		
其他流动资产	18			其他应付款	63		
流动资产合计	19			* 代理买卖证券款	64		
非流动资产：	20			* 代理承销证券款	65		
* 发放贷款及垫款	21			一年内到期的非流动负债	66		
可供出售金融资产	22			其他流动负债	67		
持有至到期投资	23			**流动负债合计**	68		
长期应收款	24			**非流动负债：**	69		
长期股权投资	25			长期借款	70		
投资性房地产	26			应付债券	71		
固定资产	27			长期应付款	72		
减：累计折旧	28			专项应付款	73		
减：固定资产减值准备	29			预计负债	74		
固定资产净额	30			递延所得税负债	75		
在建工程	31			其他非流动负债	76		
工程物资	32			**非流动负债合计**	77		
固定资产清理	33			**负债合计**	78		
无形资产	34			所有者权益（或股东权益）：	79		
开发支出	35			实收资本（或股本）	80		
商誉	36			资本公积	81		
长期待摊费用	37			专项储备	82		
递延所得税资产	38			盈余公积	83		
其他非流动资产	39			* 一般风险准备	84		
非流动资产合计	40			未分配利润	85		
	41			外币报表折算差额	86		
	42			**归属于母公司所有者权益合计**	87		
	43			少数股东权益	88		
	44			**所有者权益（或股东权益）合计**	89		
资 产 总 计	45			**负债和所有者权益总计**	90		

注：表中带 * 科目为财务公司填列项目。

财务主管： 复核： 制表人：

表 4-11

利润及利润分配表

单位名称： 年 月 金额单位：元

项 目	行次	本月数	本年累计数	项 目	行次	本月数	本年累计数
一、营业总收入	1			四、利润总额（亏损总额以“—”号填列）	23		
其中：营业收入	2			减：所得税费用	24		
*利息收入	3			五、净利润（净亏损以“—”号填列）	25		
*手续费及佣金收入	4			其中：归属于母公司所有者的净利润	26		
二、营业总成本	5			少数股东损益	27		
其中：营业成本	6			加：（一）年初未分配利润	28		
*利息支出	7			（二）盈余公积补亏	29		
*手续费及佣金支出	8			（三）其他调整因素	30		
营业税金及附加	9			六、可供分配的利润	31		
销售费用	10			减：（一）提取法定盈余公积	32		
管理费用	11			（二）提取职工奖励及福利基金	33		
财务费用	12			（三）提取储备基金	34		
资产减值损失	13			（四）提取企业发展基金	35		
加：公允价值变动收益（损失以“—”号填列）	14			（五）利润归还投资	36		
投资收益（损失以“—”号填列）	15			（六）其他	37		
其中：对联营企业和合营企业的投资收益	16			七、可供投资者分配的利润	38		
*汇兑收益（损失以“—”号填列）	17			减：（一）应付优先股股利	39		
三、营业利润（亏损以“—”号填列）	18			（二）提取任意盈余公积	40		
加：营业外收入	19			（三）应付普通股股利（应付利润）	41		
减：营业外支出	20			（四）转作资本（股本）的普通股股利	42		
其中：	21			（五）其他	43		
非流动资产处置损失	22			八、未分配利润	44		

其中*为财务公司填列项目

财务主管： 复核： 制表人：

表 4-12

现金流量表

单位名称：　　　　　　　　　　　　　年　　月　　　　　　　　　　　　　金额单位：元

项　　目	行次	本月数	本年累计	项　　目	行次	本月数	本年累计数	项　　目	行次	本月数	本年累计
一、经营活动产生的现金流量：	1			收到其他与投资活动有关的现金	28			**1．将净利润调节为经营活动现金流量**	55		
销售商品、提供劳务收到的现金	2			**投资活动现金流入小计**	29			净利润	56		
* 客户存款和同业存放款项净增加额	3			购建固定资产、无形资产和其他长期资产支付的现金	30			加：资产减值准备	57		
* 向中央银行借款净增加额	4			投资支付的现金	31			固定资产折旧	58		
* 向其他金融机构拆入资金净增加额	5			质押贷款净增加额	32			无形资产摊销	59		
* 处置交易性金融资产净增加额	6			取得子公司及其他营业单位支付的现金净额	33			长期待摊费用摊销	60		
* 处置可供出售金融资产净增加额	7			支付其他与投资活动有关的现金	34			处置固定资产、无形资产和其他长期资产的损失（收益以“—”号填列）	61		
* 收取利息、手续费及佣金的现金	8			**投资活动现金流出小计**	35			固定资产报废损失（收益以“—”号填列）	62		
* 拆入资金净增加额	9			**投资活动产生的现金流量净额**	36			公允价值变动损失（收益以“—”号填列）	63		
* 回购业务资金净增加额	10			三、筹资活动产生的现金流量	37			财务费用（收益以“—”号填列）	64		
收到的税费返还	11			吸收投资收到的现金	38			投资损失（收益以“—”号填列）	65		
收到其他与经营活动有关的现金	12			其中：子公司吸收少数股东投资收到的现金	39			递延所得税资产减少（增加以“—”号填列）	66		
经营活动现金流入小计	13			取得借款收到的现金	40			递延所得税负债增加（减少以“—”号填列）	67		
购买商品、接受劳务支付的现金	14			发行债券收到的现金	41			存货的减少（增加以“—”号填列）	68		

续表

项　　目	行次	本月数	本年累计	项　　目	行次	本月数	本年累计数	项　　目	行次	本月数	本年累计
* 客户贷款及垫款净增加额	15			收到其他与筹资活动有关的现金	42			经营应收项目的减少（增加以“—”号填列）	69		
* 存放中央银行和同业款项净增加额	16			**筹资活动现金流入小计**	43			经营应付项目的增加（减少以“—”号填列）	70		
* 支付利息、手续费及佣金的现金	17			偿还债务支付的现金	44			其他	71		
支付给职工以及为职工支付的现金	18			分配股利、利润或偿付利息支付的现金	45			**经营活动产生的现金流量净额**	72		
支付的各项税费	19			其中：子公司支付给少数股东的股利、利润	46			**2. 不涉及现金收支的重大投资和筹资活动：**	73		
支付其他与经营活动有关的现金	20			支付其他与筹资活动有关的现金	47			债务转为资本	74		
经营活动现金流出小计	21			**筹资活动现金流出小计**	48			一年内到期的可转换公司债券	75		
经营活动产生的现金流量净额	22			**筹资活动产生的现金流量净额**	49			融资租入固定资产	76		
二、投资活动产生的现金流量：	23			**四、汇率变动对现金及现金等价物的影响**	50			**3. 现金及现金等价物净变动情况：**	77		
收回投资收到的现金	24			**五、现金及现金等价物净增加额**	51			现金的期末余额	78		
取得投资收益收到的现金	25			**加：期初现金及现金等价物余额**	52			减：现金的期初余额	79		
处置固定资产、无形资产和其他长期资产收回的现金净额	26			**六、期末现金及现金等价物余额**	53			加：现金等价物的期末余额	80		
处置子公司及其他营业单位收到的现金净额	27			**补充资料：**	54			减：现金等价物的期初余额	81		
								现金及现金等价物净增加额	82		

财务主管：　　　　复核：　　　　制表人：

表 4-13

管理费用明细表

单位名称：　　　　　　　　　　年　　月　　　　　　　　　　金额单位：元

项　目	行次	本月数	本年累计数	项　目	行次	本月数	本年累计数	项　目	行次	本月数	本年累计数
固定费用小计	1			可控费用小计	29			23. 会议费	57		
1. 人工成本	2			一、归口费用小计	30			24. 运输费	58		
其中：工资	3			10. 修理费	31			25. 低值易耗品摊销	59		
福利费	4			其中：维修费	32			26. 材料消耗	60		
工会经费	5			协力保产费	33			27. 仓库经费	61		
职工教育经费	6			各品备件	34			28. 试验检验费	62		
失业保险	7			其中：外委	35			29、设计制图费	63		
基本养老保险	8			11. 安全生产费	36			30. 财产保险费	64		
企业年金	9			12. 劳动保护费	37			31. 咨询费	65		
基本医疗保险	10			其中：劳保用品	38			32. 聘请中介机构费用	66		
补充医疗保险	11			保健津贴	39			33. 诉讼费	67		
工伤保险	12			13. 研发费用	40			34. 协学会会费	68		
生育保险	13			14. 宣传费	41			35. 业务招待费	69		
其他商业保险	14			15. 警卫消防费	42			36. 存货盘亏毁损	70		
住房公积金	15			16. 绿化费	43			37. 无形资产摊销	71		
辞退福利	16			17. 劳务派遣费用	44			38. 长期待摊费用摊销	72		
2. 印花税	17			其中：计划性劳务费	45			39. 董事会会费	73		
3. 房产税	18			工资转移支付劳务费	46			40. 租赁费	74		
4. 土地使用税	19				47			41. 其他	75		
5. 车船使用税	20				48				76		
6. 矿产资源补偿费	21			二、其他费用小计	49				77		
7. 排污费	22			20. 办公费	50				78		
8. 折旧费	23			其中：办公用品	51				79		
9. 水利建设基金	24			电话费	52				80		
	25			印刷费	53				81		
	26			资料费	54				82		
	27			21. 水电费	55				83		
	28			22. 差旅费	56			合　计	84		

财务主管：　　　　　　　　复核：　　　　　　　　制表：

表 4-14

销售费用明细表

单位名称：　　　　年　　月　　　　金额单位：元

项　　目	行次	本月发生	本年累计	项　　目	行次	本月发生	本年累计
固定费用小计	1			**二、其他费用小计**	29		
1. 人工成本	2			9. 办公费	30		
其中：工资	3			办公用品	31		
福利费	4			电话费	32		
工会经费	5			印刷费	33		
职工教育经费	6			资料费	34		
失业保险	7			10. 差旅费	35		
基本养老保险	8			11. 水电费	36		
企业年金	9			12. 会议费	37		
基本医疗保险	10			13. 材料消耗	38		
补充医疗保险	11			14. 样品及产品损耗	39		
工伤保险	12			15. 运输费	40		
生育保险	13			16. 业务经费	41		
其他商业保险	14			17. 保险费	42		
住房公积金	15			18. 租赁费	43		
2. 折旧费	16			19. 装卸费	44		
可控费用小计	17			20. 包装费	45		
一、归口项目小计	18			21. 销售服务费	46		
3. 宣传费	19			22. 广告费	47		
4. 警卫消防费	20			23. 仓储保管费	48		
5. 劳动保护费	21			24. 委托代销手续费	49		
劳保用品	22			25. 展览费	50		
保健费	23			26. 其他	51		
6. 修理费	24				52		
其中：外委修理费	25				53		
7. 劳务派遣费用	26				54		
其中：计划性劳务费	27				55		
工资转移支付劳务费	28			合　　计	56		

财务主管：　　　　复核：　　　　制表：

表 4-15　　财务费用明细表

单位名称：　　　　　　年　　月　　　　　　金额单位：元

项　　目	行次	本月发生额	本年累计
1. 利息支出	1		
其中：短期借款利息支出	2		
短期融资券利息支出	3		
长期借款利息支出	4		
债券利息支出	5		
票据贴现费用	6		
2. 减：利息收入	7		
3. 利息净支出	8		
4. 汇兑损失	9		
5. 减：汇兑收益	10		
6. 减：现金折扣	11		
7. 结算手续费及佣金	12		
8. 其他	13		
	14		
补充资料：	15		
资本化利息	16		
	17		
合　　计	18		

财务主管：　　　　　　复核：　　　　　　制表：

表 4-16

人工成本情况表

单位名称：　　　　　　　　年　　月　　日　　　　　　　　金额单位：元

项　　目	行次	年初数	负担数		实发数		期末数	项　　目	行次	本月数	本年累计数
			本月数	本年累计数	本月数	本年累计数					
一、企业人工成本总额	1							一、核定的工资总额计划（或工资预算总额）	24		
（一）职工工资总额	2							二、核定的转移支付计划	25		
其中：在岗职工工资总额	3	—					—	三、劳务派遣费用	26		
不在岗职工工资总额	4	—					—	其中：计划性劳务费	27		
（二）社会保险费用（企业承担）	5							工资转移支付劳务费	28		
其中：基本养老保险	6							四、期末职工人数（人）	29		—
补充养老保险	7							其中：期末在岗职工人数（人）	30		—
基本医疗保险	8							五、职工人均人工成本	31		
补充医疗保险	9							其中：职工人均工资	32		
失业保险	10							六、职工福利费支出	33		
工伤保险	11							其中：1. 上交福利费	34		
生育保险	12							2. 节日福利支出	35		
（三）商业保险费用	13	—					—	3. 快餐支出	36		
（四）福利费用	14							4. 集体福利费	37		
（五）教育经费	15							5. 离退休人员统筹外费用	38		
（六）工会经费	16							6. 医药费支出	39		
（七）劳动保护费用	17	—					—	7. 计划生育费	40		
（八）住房公积金（企业承担）	18							8. 困难补助	41		
（九）辞退福利	19							9. 休、疗养费	42		
其中：一次性支付补偿	20	—					—	10. 丧葬、抚恤费	43		
内部退休人员支出	21				—	—		11. 其他	44		
（十）其他人工成本	22							七、公司下拨工资	45		
二、代扣代缴的应付职工薪酬	23							八、已上交福利费	46		

财务主管：　　　　　劳资负责人：　　　　　复核：　　　　　制表：

表 4-17

应上交款项情况表

单位名称： 年 月 日 金额单位：元

项 目	行 次	年初未交数	本月应交数	累计应交数	本月已交数	累计已交数	月末未交数
1. 增值税	1						
其中：销项税额	2	*			*	*	*
进项税额	3	*			*	*	*
其中：固定资产进项税额	4	*			*	*	*
出口退税	5	*			*	*	*
进项税额转出	6	*			*	*	*
其中：固定资产进项税转出	7	*			*	*	*
2. 营业税	8						
3. 消费税	9						
4. 城市建设维护税	10						
5. 企业所得税	11						
6. 个人所得税	12						
7. 车船使用税	13						
8. 房产税	14						
9. 印花税	15						
10. 土地使用税	16						
11. 资源税	17						
12. 关税	18						
13. 契税	19						
14. 土地增值税	20						
15. 车辆购置税	21						
税金小计（1+2+3+…+15)	22						
16. 教育费附加	23						
17. 矿山资源补偿费	24						
18. 地方教育附加	25						
19. 平抑物价基金	26						
20. 防汛费	27						
21. 堤防费	28						
22. 其他各项地方收费	29						
费用合计 (16+…+22)	30						
税费总计（税金小计 + 费用合计）	31						

财务主管： 复核： 填表人：